누구나 역의 수를 읽어 내다

점법의 제왕

주역 占

누구나 역의 수를 읽어 내다

점법의 제왕

주역占

초판 1쇄 인쇄 ㅣ 2021년 1월 20일
초판 1쇄 발행 ㅣ 2021년 2월 10일

글 ㅣ 한국인
펴낸이 ㅣ 김남석
기획·홍보 ㅣ 김민서
편집부 이사 ㅣ 김정옥
편집 디자인 ㅣ 최은미

발행처 ㅣ ㈜대원사
주   소 ㅣ 06342 서울시 강남구 양재대로 55길 37, 302
전   화 ㅣ (02)757-6711, 6717∼9
팩시밀리 ㅣ (02)775-8043
등록번호 ㅣ 제3-191호
홈페이지 ㅣ http://www.daewonsa.co.kr

Daewonsa Publishing Co., Ltd
Printed in Korea 2021

ISBN ㅣ 978-89-369-2169-9

누구나 역의 수를 읽어 내다

점법의 제왕

주역占

한국인 지음

대원사

누구나
역(易)의 수(數)를 읽어 내다

'점(占)' 하면 '매화역수(梅花易數)'라는 말이 있는데,『매화역수』는『주역』에서 나왔다. 소강절 선생이 기연을 통해 역수법(易數法)을 전수받아 세상에 전한 이름이 '매화역수'인 것이다.

그러나 후인들은『매화역수』와『주역』을 따로 보는 경향이 강하다.『주역』에서 생겨난『매화역수』만으로는 작괘(作卦)를 하는 데 한계가 있는 것이 사실이다. 그것마저 시간이 흐르면서 첨삭된 것으로 보인다. 또한 역수법(매화역수, 이하 '역수법'이라 칭함.) 없이『주역』으로만 점(占) 해석을 하면 해석이 협소하거나 때론 망막해진다. 소강절 선생의 표현을 빌면, 마치 망망한 대해를 측량하는 것과 다르지 않은 것이다. 역수법이『주역』에서 탄생한 연유를 넘겨다볼 수 있는 대목이다. 만일 역(易)의 수(數)를 읽어 낼 수 있다면, 길흉과 실익의 정확한 시기의 가늠이 가능해진다.

이 책에서는 누구나 기본적인 법칙만 알면 역의 수를 읽어 내는 방법을 제시하고 있다. 또한『주역』의 이치도 간명하게 드러내고 있다.『주역』은 어려운 학문이 아니다.『주역』을 학문적으로만 탐구하는 이들도 많지만, 필자는 철저히 점학(占學)으로 접근하여 사람을 바른길로 나아가게 하는 수행서로 바라본다.『주역』의 경문은 한 편의 시와 같다. '세상의 삶'이라는 주제를 다루는 장대한 서사시. 따라서『주역』은 우리의 삶과 밀접한 관계가 있다.

『주역』의 경문에는 다른 뜻이 숨겨져 있지 않다. 성인들은 그 이치를 『주역』의 괘사와 효사를 통해 간명하게 드러내고 있다. 말했듯, 그것은 마치 시와도 같은 것이다.

누가 뭐라 하든 주역이 경전으로의 가치를 지니려면 점(占)을 통해서 가능해진다. 군자는 에고의 욕심을 내려놓고 점을 통해 얻은 점괘를 따른다. 바른길로 나아가는 것이다. 하늘은 사람을 바른길로, 더 나은 길로 안내한다. 그 길을 따르는 방법이 점(占)에 있는 것이다. 그것이 『주역』의 본래 가치다. 멀리만 있던 『주역』이 단지 경전을 넘어서 실생활에서 사람을 유익하게 하는 지점인 것이다.

　많은 이들이 모르는 사실이지만 주역점(周易占)은 점법(占法)의 제왕이다. 그 완성이 역수법에 있다. 그런 의미에서 역수법은 주역점의 완성을 도우는 도우미와도 같다.

　이 책은 주역점의 완성을 도모하였다. 기존 『매화역수』가 지닌 작괘의 한계를 주역점으로 극복했고, 주역점이 지닌 해석의 한계를 역수법으로 보완했다.

누구든 보고 실행해 보시라. 이 책의 방법을 따른다면 어떤 물음도 작괘가 가능하며, 그 시기의 예측도 확실하다. 자신이 나아갈 방향을 언제까지 다른 이의 말에 의지할 것인가. 조금의 시간*과 노력을 들이면 자신이 나아갈 온전하고 바른 방향을 평생 스스로 잡을 수 있다. 여기에서 그 정수를 간단하고 명료하게 담아 냈다.

이 책은 하늘의 뜻에 따라 나온 것이다. 필자는 그 뜻에 충실했고, 이에 결과물을 얻어 세상에 내놓는다. 더 이상 『주역』을 어렵게 여기지 마시라. 조금만 숙고하면 도리어 쉽게 여길 것이다. 여기 그 비전을 제시했으니, 누구든 와서 점(占)의 왕좌에 앉아 있는 주역점의 세계를 맛보시라.

저자 한국인

---

* 하루면 충분하다. '주역점·역수법 기본, 역수법 본론'만 숙지하면 된다. 나머지는 참고로 보면 된다.

차 례

2 주역점 응용

1

주역점 실전

수천 년의 역사를 이어 온 『주역』
은 인간 세상의 만사(萬事)를 다루
고 있는 경전이다. 일어날 수 있
는 온갖 일들이 다 녹아들어 있으
며, 그에 대한 선견지명이 점(占)
을 통해 밖으로 드러남으로써 점
치는 사람의 삶을 윤택하게 한다.

주역점 기본

주역점의 의의

주역점은 점학(占學)에 있어서 제왕의 지위를 지니고 있다. 이를 제대로 보는 이가 적었고, 세상에 널리 알려지지 않았을 뿐 틀림없는 사실이다. 요즘에 존재하는 모든 점학은 『주역(周易)』이 나온 뒤에 나왔다고 보면 된다. "점괘를 뽑는다."라고 할 때의 '점괘'란 말도 『주역』의 64괘에서 나왔다. 『주역』에는 인간사의 일들이 녹아 있으므로 자연히 점학을 위한 발판이 되었다고 볼 수 있다.

주역점은 다른 점학과는 좀 다르다. 주역점은 점괘의 바른 해석을 위해서 당연히 학문으로 궁구해야 하지만, 바른 점괘를 얻기 위해서는 하늘과 소통해야 한다. 하여 만물만사를 주관하는 하늘의 뜻을 넘겨다보는 작업이라고 할 수 있다.

주역점은 흔히 말하는 신점은 아니나 정신이 깨어 있어야 가능한 일인지라, 점학이면서 동시에 수행의 면모를 보여 준다. 자신이 나아갈 길을 알기 위해 하늘의 뜻을 묻고, 자신의 욕심을 버리고 하늘의 뜻대로 나아가니, 그런 의미에서 『주역』은 '점서'이면서 또한 '수행서'가 아닌가 한다.

도교와 유교라는 종교가 이 땅에 있기 전부터 이어져 온 경전 『주역』. 누가 뭐래도 『주역』은 도(道)에 통하는 동양 정신의 정수이며, 점복(占卜)을 위한 원전이다.

인간의 역사는 점(占)의 역사와도 같다. 또한 점의 역사는 역(易)의 역사와도 같다. 바로 신탁(神託)의 역사다. 하늘의 뜻을 묻는 작업, 주역점. 구하면 얻을 것이고, 따르면 평안할 것이다. 이제 『주역』과 주역점을 알아야 할 때가 된 것이다.

주역을 관통하는 대표 키워드, 관조와 중도

수천 년의 역사를 이어 온 『주역』은 인간 세상의 만사(萬事)를 다루고 있는 경전이다. 일어날 수 있는 온갖 일들이 다 녹아들어 있다고 보면 된다. 그 일들에 대한 선견지명이 점(占)을 통해 밖으로 드러남으로써 점치는 사람의 삶을 윤택하게 하는 것이다.

『주역』에는 두 가지 큰 줄기가 있다. 바로 64괘 스무 번째에 나오는 풍지관(風地觀)괘의 '관조(觀照)'와 모든 괘들의 저간에 흐르는 '중도(中道)'가 그것이다. '군자'라는 단어가 '대인'이라는 단어에 포함되는 것처럼, 정도는 중도에 포함된다. 따라서 『주역』을 모든 이들이 반드시 알 필요는 없겠지만, 적어도 『주역』을 관통하는 큰 주제인 두 가지 키워드 '관조'와 '중도'는 인간이라면 모든 이들이 알아야 하는 덕목이다. 이 부분에 관한 영상을 필자의 유튜브 채널 '관심일법(觀心一法)'에 올려놓았다.

제목은 〈관조의 힘과 격물치지〉, 그리고 〈주역과 중도〉다.

이유야 어찌 됐든, 일단 주역점의 세계에 발을 들였으니 한 번 눈여겨보는 것이 좋다. 어떤 식으로든 점(占)을 넘어서 여러분의 삶에 도움이 될 것이라 믿어 의심치 않는다. 바쁘게만 돌아가는 삶의 바퀴 속에서 잠깐이라도 시간을 내 스스로 숙고하는 습관을 가지라고 말하고 싶다.

'관조'라는 덕목이 얼마나 중요한지는 '풍지관괘'를 통해서 알 수 있다. 또한 100%에 가까운 정확한 점괘를 얻는 데 반드시 필요한 부분이기도 하다. 점괘만 정확하게 얻는다면 정확한 풀이야 이 책의 내용을 참고하면 될 일이다.

주역점은 크게 두 가지 주제로 나뉜다. 첫째로는 정확한 점괘를 얻는 것이고, 둘째로는 정확하게 풀이하는 것이다. 이건 결코 어려운 일이 아니다. 아니 아주 쉽고도 간단한 일이다. 여러분은 약간의 노력을 들이면 될 뿐이다.

점을 치는 과정을 통해 그 과정이 거듭될수록 여러분들도 필자처럼 관조와 중도의 세계로 조금씩 진입할 것이다. 그리하여 점차로 관조의 발판 위에서 중도적 인간으로 나아가는 것이다. 그렇게 된다면 우리가 사는 사회는 온갖 불협화음이 줄어들어 몰라보게 달라질 것이다. 그것이 『주역』이 추구하는 목적이자 가치다.

점의 단계와 등급

점의 단계와 등급은 크게 네 단계가 있다. 그중에서 첫째와 둘째 단계는 『주역』을 통해야 갈 수 있는 단계이나 셋째와 넷째 단계는 『주역』을 통하지 않고도 누구나 곧바로 진입할 수 있는 단계다. 단, 관조의 힘에 의지해서만 가능하다. 이 부분은 유튜브 영상 〈점학의 제왕, 주역점과 매화역수〉, 〈관조의 힘과 격물치지〉를 참고하면 된다.

첫째 단계는, 점치는 행위를 통해 괘를 얻는 방법이다. 동전을 던지든 주사위를 던지든 점치는 행위를 통해서 원하는 질문에 대한 답을 얻는 단계가 첫 단계다. 첫째 단계라 해서 무시해서는 안 된다. 점괘만 제대로 뽑는다면 이 단계에서 자신이 원하는 것에 대한 지식을 지닐 수 있게 된다.

둘째 단계는, 점치는 행위를 통하지 않고 괘를 얻는 방법이다. 언제 어디서든 작괘가 가능한 것인데, 이는 괘상(卦象), 수상(數象), 물상(物象)에 통한 뒤라야 가능한 단계다. 이 단계 역시 자신이 원하는 것에 대한 답을 얻을 수 있다.

다음으로 셋째 단계는, 보이고 들리는 상(象)을 통해 보이지 않는 계의 일을 집어내는 단계다. 이를 '격물치지(格物致知)'라 한다. 격물치지는 모든 유학자의 꿈이었다. 이 세상은 보이고 들리는 상을 통해 지난 일과 현재의 일뿐만 아니라 다가올 일들에 대한 정보를 드러내고 있다. 그것을 예민하게 깨어서 집어내는 작업이 격물치지인 것이다. 이 격물치지와 주역점의 단계인 1단계나 2단계를 접목하면 자신이 원하는 것에 대한 모든 지식을 얻게 될 것이다. 이에 대해서는 유튜브 영상 〈관조의 힘과 격물치지〉에 자세히 소개했는데, 이는 관조가 지닌 힘의 다름 아니다.

다음 넷째 단계는 격물치지의 최고봉이기도 하다. 다만 자신에 대한 앎에 이르지 않고는 다다를 수 없는 단계다. 넷째 단계는 작괘(作卦)를 하지도 않고, 보이고 들리는 상(象)도 없는 고요한 공간에 있어도 모든 것에 대한 앎에 이르는 단계인데, 이것이 바로 만물과 소통하는 단계인

'이심전심(以心傳心)'의 경지다. 모든 성인이 다다른 단계이기도 하다. 여기에 이른 이는 더 이상 점치지 않는다. 앞의 단계들을 무시하고 이 단계에 단박에 이를 수 있는데, 그 간결한 성인들의 한결같은 가르침이 바로 '관조(觀照)'다.

이렇듯 점의 단계와 등급이 있다는 것만 알아두면 된다. 모를 일 아닌가. 여러분 중 누군가가 위의 단계로 도약할지는!

음양과 오행

음효와 양효

■■■ 이 괘는 팔괘(八卦, 소성괘)인데, 팔괘 중 '태괘(兌卦)'라고 한다. 세 개의 부호 중 맨 위에 있는 부호를 '음효(陰爻)'라고 하는데, 음효(--)는 가운데가 끊어져 있다. 다음 아래의 두 부호를 '양효(陽爻)'라고 하는데, 양효(—)는 가운데가 이어져 있어 하나의 막대로 되어 있다. 실제로 점을 할 때는 아래로부터 위로 그어 나간다. 모두 여섯 효를 얻는다. 자세한 부분은 '괘를 얻는 방법과 해석법(p.30)'에서 논한다.

12지지의 오행

'육십갑자'라고 있다. 간지 달력을 보면 해당 연월일에 간지가 표시되어 있다. 예를 들어 '갑자일'이라고 하면 갑자일은 60일마다 한 번씩 돌아온다. 마찬가지로 갑자월은 60개월마다, 갑자년은 60년마다 돌아온다. 갑자(甲子)일에서 갑(甲)은 '천간'을 의미하고, 자(子)는 '지지'를 의미한다. 주역점에서는 지지인 '자'의 오행을 사용한다. 천간도 알면 좋으나 몰라도 점을 하는 데는 무방하다.

여기서는 지지의 오행을 따져 상생과 상극을 판단한다. 그중에서도 월(月)과 일(日)의 지지 오행을 따진다. 더 깊이 있는 공부를 하려면 인터넷이나 관련 서적을 통해 알아볼 수 있다. 이 책에서는 점을 위해 꼭 필요한 핵심만 간략히 언급한다.

12지지의 생(生)과 극(剋)

12 지지	자(子)	축(丑)	인(寅)	묘(卯)	진(辰)	사(巳)	오(午)	미(未)	신(申)	유(酉)	술(戌)	해(亥)
오행	水	土	木	木	土	火	火	土	金	金	土	水

- 목(木)은 나무를 의미하며, 불인 화(火)를 생해 주고(설기됨), 흙인 토(土)를 극하고, 쇠인 금(金)으로부터 극을 받고, 물인 수(水)로부터 생을 받는다. ─ 목생화, 목극토, 금극목, 수생목
- 화(火)는 불을 의미하며, 흙인 토(土)를 생해 주고(설기됨), 쇠인 금(金)을 극하고, 물인 수(水)로부터 극을 받고, 목(木)인 나무로부터 생을 받는다. ─ 화생토, 화극금, 수극화, 목생화
- 토(土)는 흙을 의미하며, 쇠인 금(金)을 생해 주고(설기됨), 물인 수(水)를 극하고, 나무인 목(木)으로부터 극을 받고, 불인 화(火)로부터 생을 받는다. ─ 토생금, 토극수, 목극토, 화생토

- 금(金)은 쇠를 의미하며, 물인 수(水)를 생해 주고(설기됨), 나무인 목(木)을 극하고, 불인 화(火)로부터 극을 받고, 흙인 토(土)로부터 생을 받는다. — 금생수, 금극목, 화극금, 토생금
- 수(水)는 물을 의미하며, 나무인 목(木)을 생해 주고(설기됨), 불인 화(火)를 극하고, 흙인 토(土)로부터 극을 받고, 쇠인 금(金)으로부터 생을 받는다. — 수생목, 수극화, 토극수, 금생수

팁

1. 인(寅), 묘(卯) – 목(木) / 사(巳), 오(午) – 화(火) / 진(辰), 술(戌), 축(丑), 미(未) – 토(土) / 신(申), 유(酉) – 금(金) / 해(亥), 자(子) – 수(水) → 이렇게 오행을 붙여서 외운다.
2. 생(生) = 목 生 화 生 토 生 금 生 수 生 목
   극(克) = 목 剋 토 剋 수 剋 화 剋 금 剋 목

팔괘(소성괘(小成卦))

팔괘의 명칭과 성질

 이 괘는 '건(乾, 하늘 건)괘'이다. 읽을 때는 오행을 넣어서 '건금(乾金)'으로 읽고, 외울 때는 '일건천(一乾天)'으로 외운다. 팔괘 중 첫째로 나왔으니 '일(一)'이요, 괘의 이름은 '건(乾)'이며, 괘의 상은 '천(天, 하늘)'이 된다. 오행으로는 금(양금(陽金))이 되고, 방위로는 서북방이며, 음력 9월과 10월에 해당한다. 성질은 '강건하고 굳건함'인데,

시작이며 성장이고 마침이니, 쉼 없이 운행하는 하늘의 성질을 대변한다. 인사로는 '아버지'에 해당한다.

☱ 이 괘는 '태(兌, 기쁠 태)괘'이다. 읽을 때는 오행을 넣어서 '태금(兌金)'으로 읽고, 외울 때는 '이태택(二兌澤)'으로 외운다. 팔괘 중 둘째로 나왔으니 '이(二)'요, 괘의 이름은 '태(兌)'며, 괘의 상은 '택(澤, 연못)'이 된다. 오행으로는 금(음금(陰金))이 되고, 방위로는 서방이며, 음력 8월에 해당한다. 성질은 '기쁨'인데, 하나의 음효가 두 양효의 위에 있어 기뻐하는 상이다. 인사로는 '소녀(少女)'에 해당한다.

☲ 이 괘는 '리(離, 붙을 리·떠날 리)괘'이다. 읽을 때는 오행을 넣어서 '리화(離火)'로 읽고, 외울 때는 '삼리화(三離火)'로 외운다. 팔괘 중 셋째로 나왔으니 '삼(三)'이요, 괘의 이름은 '리(離)'며, 괘의 상은 '화(火, 불)'가 된다. 오행으로는 화(火)가 되고, 방위로는 남방이며, 음력 5월에 해당한다. 성질은 '붙어 의존함과 아름다움'인데, 하나의 음효가 두 양효의 가운데 붙어 의존하는 모습인 동시에 불이 성하게 타오르는 아름다움을 의미하는 상이다. 인사로는 '중녀(中女)'에 해당한다.

☳ 이 괘는 '진(震, 우레 진)괘'이다. 읽을 때는 오행을 넣어서 '진목(震木)'으로 읽고, 외울 때는 '사진뢰(四震雷)'로 외운다. 팔괘 중 넷째로 나왔으니 '사(四)'요, 괘의 이름은 '진(震)'이며, 괘의 상은 '뢰(雷, 우레)'가 된다. 오행으로는 목(양목(陽木))이고, 방위로는 동방이며, 음력 2월에 해당한다. 성질은 '움직임'인데, 맨 아래에 있는 하나의 양효가 밖(위)으로 움직이며 진출하는 상이다. 인사로는 '장남(長男)'이다.

이 괘는 '손(巽, 공손할 손)괘'이다. 읽을 때는 오행을 넣어서 '손목(巽木)'으로 읽고, 외울 때는 '오손풍(五巽風)'으로 외운다. 팔괘 중 다섯째로 나왔으니 '오(五)'요, 괘의 이름은 '손(巽)'이며, 괘의 상은 '풍(風, 바람)'이 된다. 오행으로는 목(음목(陰木))이고, 방위로는 동남방이며, 음력 3월과 4월에 해당한다. 성질은 '들어감과 공손함'인데, 유순한 바람처럼 스며들어 가는 속성이 있으며, 맨 아래에 있는 하나의 음효가 위의 두 양효를 공손히 따르는 상이다. 인사로는 '장녀(長女)'이다.

이 괘는 '감(坎, 구덩이 감)괘'이다. 읽을 때는 오행을 넣어서 '감수(坎水)'로 읽고, 외울 때는 '육감수(六坎水)'로 외운다. 팔괘 중 여섯째로 나왔으니 '육(六)'이요, 괘의 이름은 '감(坎)'이며, 괘의 상은 '수(水, 물)'가 된다. 오행으로는 수(水)가 되고, 방위로는 북방이며, 음력 11월에 해당한다. 성질은 '빠짐'인데, 하나의 양효(밝음)가 두 음효(어둠) 사이에 빠져 험난함을 겪는 상이다. 하지만 가운데에 양효가 있어 해를 품은 달에 비유할 수 있으니, 하기에 따라 험난함을 잘 이겨 내는 상도 있다. 인사로는 '중남(中男)'에 해당한다.

이 괘는 '간(艮, 그칠 간)괘'이다. 읽을 때는 오행을 넣어서 '간토(艮土)'로 읽고, 외울 때는 '칠간산(七艮山)'으로 외운다. 팔괘 중 일곱째로 나왔으니 '칠(七)'이요, 괘의 이름은 '간(艮)'이며, 괘의 상은 '산(山, 산)'이 된다. 오행으로는 토(음토(陽土))가 되고, 방위로는 동북방이며, 음력 12월과 1월에 해당한다. 성질은 '그침'인데, 맨 위에 있는 하나의 양효가 더 이상 나아갈 곳이 없어 그쳐 있는 상이나 때로는 '마침'을 의미하기도 한다. 인사로는 '소남(少男)'이다.

■■　　이 괘는 '곤(坤, 땅 곤)괘'이다. 읽을 때는 오행을 넣어서 '곤
■■　　토(坤土)'로 읽고, 외울 때는 '팔곤지(八坤地)'로 외운다. 팔괘
중 여덟째로 나왔으니 '팔(八)'이요, 괘의 이름은 '곤(坤)'이며, 괘의 상은
'대지(地, 땅)'가 된다. 오행으로는 토(음토(陰土))가 되고, 방위로는 서남
방이며, 음력 6월과 7월에 해당한다. 성질은 '부드러움과 유순함'인데,
포용과 유순의 미덕을 지니고 하늘의 뜻을 받들어 만물을 기르는 상이
다. 인사로는 '어머니'에 해당한다.

괘의 오행을 알아야 역수법에서 생극의 이치를 살필 때 적용할 수 있
으며, 괘의 상을 알아야 64괘를 쉽게 읽고 파악할 수 있다.

팔괘의 생과 극에 따른 길(吉)과 흉(凶)

건금(乾金)의 경우

길흉과 실익을 구하는 역수법에서 건금(乾金)의 경우 괘의 오행이 '금
(金)'이라서 감수를 생하면 기운이 빠져(설기) 좋지 않고, 리화의 극을 받
으면 좋지 않다. 반면 간토와 곤토의 생을 받으면 길하고, 진목이나 손
목을 극하면 길하다고 본다.

태금(兌金)의 경우

건금과 오행이 같으니 같이 판단한다.

리화(離火)의 경우

괘의 오행이 '화(火)'라서 간토와 곤토를 생하면 설기되어 좋지 않고,

감수의 극을 받으면 좋지 않다. 반면 진목과 손목의 생을 받으면 길하고, 건금이나 태금을 극하면 길하다고 본다.

진목(震木)의 경우

괘의 오행이 '목(木)'이라서 리화를 생하면 설기되어 좋지 않고, 건금이나 태금의 극을 받으면 좋지 않다. 반면 감수의 생을 받으면 길하고, 간토나 곤토를 극하면 길하다고 본다.

손목(巽木)의 경우

진목과 오행이 같으니 같이 판단한다.

감수(坎水)의 경우

괘의 오행이 '수(水)'라서 진목과 손목을 생하면 설기되어 좋지 않고, 간토와 곤토의 극을 받으면 좋지 않다. 반면 건금이나 태금의 생을 받으면 길하고, 리화를 극하면 길하다고 본다.

간토(艮土)의 경우

괘의 오행이 '토(土)'라서 건금과 태금을 생하면 설기되어 좋지 않고, 진목과 손목의 극을 받으면 좋지 않다. 반면 리화의 생을 받으면 길하고, 감수를 극하면 길하다고 본다.

곤토(坤土)의 경우

간토와 오행이 같으니 같이 판단한다.

팔괘는 64괘의 기본을 이룬다. 이상의 여덟 개의 괘를 숙지하면 64
괘를 이해할 수 있고, 나아가 생극의 이치를 밝혀 길흉의 정확한 기한을
구하는 역수법을 이해할 수 있다.

건	태	리	진	손	감	간	곤
☰	☱	☲	☳	☴	☵	☶	☷
건금(乾金)	태금(兌金)	리화(離火)	진목(震木)	손목(巽木)	감수(坎水)	간토(艮土)	곤토(坤土)
일건천 (一乾天)	이태택 (二兌澤)	삼리화 (三離火)	사진뢰 (四震雷)	오손풍 (五巽風)	육감수 (六坎水)	칠간산 (七艮山)	팔곤지 (八坤地)

64괘(대성괘(大成卦))

육효의 명칭과 64괘의 명칭

앞에서 세 효로 이루어진 소성괘인 팔괘를 논했다. 여기에서는 소성
괘가 둘로 이루어진 대성괘인 64괘에 대해 논한다.

주역점의 풀이는 대성괘로 한다. 대성괘는 여섯 개의 효(6효)로 이루
어져 있는데, 효를 긋는 순서는 아래에서부터 위로 그어 나간다. 즉 처
음 점괘를 얻으면 맨 아래에 하나의 효를 그어 '초효'라 칭하고, 그 위에
두 번째로 그어 '이효·삼효·사효·오효'라 하며, 맨 위에 긋는 효를 '상효'
라 부른다.

참고로 양효는 '구(九)'를 쓰고, 음효는 '육(六)'을 쓴다는 것을 알아둔

다. 즉 초효와 상효가 양효일 때는 초구(효)와 상구(효)로 부르고, 이효·삼효·사효·오효가 양효일 때는 구이(효)·구삼(효)·구사(효)·구오(효)라고 부른다. 반대로 음효일 때는 초육(효), 육이(효), 육삼(효), 육사(효), 육오(효), 상육(효)이라고 부른다.

이 괘의 명칭은 '화풍정괘'다. 위에 있는 소성괘인 리화(離火)를 '상괘(上卦)'라 하고, 아래에 있는 소성괘인 손목(巽木)을 '하괘(下卦)'라 한다. 괘의 명칭을 먼저 논하자면 화풍정(火風鼎)의 '화(火)'는 상괘인 삼리화(三離火)의 상이고, '풍(風)'은 하괘인 오손풍(五巽風)의 상이다. 이미 앞에서 리괘의 경우 읽을 때는 '리화'로 읽고, 외울 때는 '삼리화'로 외우라고 했는데, 그 팔괘만 숙지하면 64괘를 읽는데 어려움이 없다. 다만 대성괘인 64괘의 이름을 아는 일인데, 자주 점을 치다 보면 64괘의 상을 숙지하게 된다.

이 화풍정괘의 이름은 '정(鼎, 솥 정)'이다. 솥에 음식물을 담아 익히는 상이 있으니, 혁신하여 안정을 이루는 것을 의미한다. (주역점 응용 '50 화풍정(p.268)' 참고)

효를 긋는 자세한 얘기 또한 '작괘법'을 논할 때 하겠지만, 총 여섯개의 효를 얻어서 하나의 괘가 이루어지는데, 위에서 말했듯이 아래에서부터 위로 그어 나간다. 보면 맨 아래에 있는 효는 가운데가 끊어진음효다. 따라서 맨 처음에 얻은 효는 음효(陰爻)로 '초효(初爻)'라 부르고, 그 위에 있는 두 번째 얻은 효는 가운데가 이어진 양효(陽爻)로 '이효(二爻)'라 부르고, 그 위에 효 역시 양효로 '삼효(三爻)'라 부르고, 네번째 효 역시 양효로 '사효(四爻)'라 부르고, 그 위에 다섯 번째 효가 음효로 '오효(五爻)'라 부르고, 맨 위의 효가 양효로 '상효(上爻)'라 부른다. 이 부분은 여섯 개의 효가 나와 대성괘를 이루는 과정을 이해만 하고 있으면 된다.

보듯 화풍정괘는 아래에서부터 세 개의 효를 그어서 하괘인 '손목(巽木, ☴)'을 얻고, 다음 세 개의 효를 더 그어서 상괘인 '리화(離火, ☲)'를 얻었다. 그 여섯 개의 효가 합쳐져 '화풍정괘'가 된 것이다.

나머지도 이런 식으로 보면 된다. 다만 같은 소성괘가 둘이 중첩된 대성괘가 있는데, 중천건(重天乾), 중택태(重澤兌), 중화리(重火離), 중뢰진(重雷震), 중풍손(重風巽), 중수감(重水坎), 중산간(重山艮), 중지곤(重地坤) 등 총 여덟 개의 대성괘가 있다. 해서 이름은 소성괘인 팔괘의 이름대로 '건괘, 태괘, 리괘, 진괘, 손괘, 감괘, 간괘, 곤괘' 그대로 부른다.

예를 들면 좌측과 같이 건금(乾金)이 상괘와 하괘에 중첩된 경우는 '중천건'이라고 읽는다. 건괘의 경우 읽을 때는 '건금'으로 읽고, 외울 때는 '일건천(一乾天)'으로 외우라고 했었다.

중천건(重天乾)의 '중(重)'은 중첩됐다는 뜻이고, '천(天)'은 괘의 상, '건(乾)'은 괘의 이름이 된다. 그래서 '건괘'라 부르는데, 총 명칭은 '중천건괘'가 되는 것이다.

또 리화(離火)가 중첩되면 '중화리(重火離)'가 된다. 마찬가지로 '중(重)'은 중첩됐다는 뜻이고, '화(火)'는 괘의 상, '리(離)'는 괘의 이름이 된다. 그래서 '리괘'라 부르는데, 총 명칭은 '중화리괘'가 되는 것이다. 나머지 괘도 이런 식으로 보면 된다.

괘를 얻는 방법(작괘법)과 해석법

괘를 얻는 방법과 해석에 대해 알아본다.

우선 동전을 던질 담요와 필기도구, 100원짜리 동전 세 개를 준비한다. 주사위도 상관없으나 필자는 양면을 지닌 동전을 선호한다. 동전은 음이거나 양이거나, 앞이거나 뒤거나 양단의 결정이 확실하고 간결하다. 동전 세 개를 총 여섯 번 던져서 여섯 개의 효를 얻는다. 그렇게 육효(六爻)로 구성된 괘가 대성괘인 64괘다.

말했듯이 아래부터 위로 그어 나간다. 기본 규칙이 있다. 각자가 정하기 나름이나 여기서는 동전의 그림 부분을 앞면인 양(陽)으로, 동전의 숫자가 있는 부분을 뒷면인 음(陰)으로 규정한다. (주사위로 할 경우 마찬가지로 주사위 세 개를 여섯 번 던져 총 여섯 개의 효를 얻는다. 1·3·5의 홀수를 양(陽)으로 하고, 2·4·6의 짝수를 음(陰)으로 한다.)

던진 동전 세 개 중에서 다른 하나를 위주로 한다. 즉, 동전 세 개를 던져 하나가 앞면(양)이고 두 개가 뒷면(음)이면 양효(陽爻, ━)를 얻는 것으로 '소양(少陽)'이라 부르고, 하나가 뒷면이고 두 개가 앞면이면 음효(陰爻, ━ ━)를 얻는 것으로 '소음(少陰)'이라 부른다. 또 세 개가 전부 앞면이면 양효를 얻는 것인데 '노양(老陽)'이라고 하며, 구분할 수 있게 표시한다. 이 효를 '동효(動爻)'라 한다. 효가 동(動)한 것이다. 이 동효를 위주로 점을 해석한다. (다음에서 논하겠지만 이 효가 변하는 '변효(變爻)'가 되는 것이다. 동효가 있으면 본괘(本卦)가 지괘(之卦)로 변해 가는데, 상괘든 하괘든 변효가 있는 괘가 지괘의 변괘(變卦)가 된다. 여기에서는 간단히 본괘를 얻는 방법만 논한다.) 또 세 개가 전부 뒷면이면 음효를 얻는 것으로 '노음(老陰)'이라고 하며, 동효이니 역시 구분할 수 있게 표시해 둔다.

실례를 보자.

마음을 가다듬고 눈을 감고, 단정히 앉아 자신을 돌아본다. (이 부분은 유튜브 채널 '관심일법'의 〈관조의 힘과 격물치지〉를 참고한다.) 돌아보는 상태에서 내면의 하늘에 고한다. "천지(天地)에 통하고 점괘를 뽑는다."라고 속으로 외친다. 그리고 질문을 던진다. 이 모든 과정이 자신과 질문을 돌아보는 상태에서 해야 한다. 그래야 100%에 가까운 점괘를 얻을 수 있다.

"제가 A기업으로 이직하려고 하는데 해도 되겠습니까? 하면 어떻겠습니까?"라고 질문을 했다고 하자. 다음으로 눈을 뜨고 동전 세 개를 두 손안에 넣고 열 번(몇 번이건 상관은 없으나 일정한 규칙을 만든다.)을 흔들어 바닥에 던져 괘를 뽑는다.

처음 던져 동전 세 개 중 두 개가 뒷면이 나오고 하나만 앞면이 나왔다면 소양으로, 초효(初爻, 맨 아래의 효)는 양효가 된다. 두 번째로 동전을 던져 동전 세 개가 모두 앞면이 나왔다면 노양으로, 이효 역시 양효를 얻는다. 이때는 구분할 수 있게 표시해 둬야 한다. 이효(二爻)가 동효(動爻)가 되니 뒤에 동효를 위주로 점 해석을 한다. 세 번째로 역시 하나만 앞면이 나왔다면 소양이니 삼효(三爻) 역시 양효가 된다. 세 번을 던져 얻은 소성괘인 아래의 하괘는 건괘(☰)다.

다음 네 번째로 던져 얻은 효도 동일하게 동전 하나만 앞면이 나와서 사효(四爻) 역시 양효를 얻었고, 다섯 번째로 던져 얻은 효는 동전 두 개가 앞면이 나오고 하나만 뒷면이 나와서 소음으로 음효가 된다. 마지막으로 여섯 번째로 던져 얻은 효 역시 하나의 동전만 앞면이 나와서 소양으로 양효가 되었다. 네 번째, 다섯 번째, 여섯 번째 얻은 소성괘인 위의 상괘는 리괘(☲)다.

이렇게 하여 좌측과 같은 대성괘인 '화천대유(火天大有)괘'가 된다. 특히 두 번째인 이효는 동효니 알아볼 수 있게 표시해 둬야 한다. 점(占) 해석은 이효를 위주로 하기 때문이다. 이 대유괘가 본괘가 된다. 본괘를 바탕으로 변한 지괘가 나온다. 이효인 양효가 변해서 음효로 되기 때문에 지괘는 '중화리괘'가 된다.

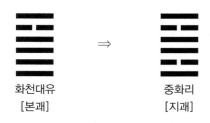

화천대유
[본괘]

중화리
[지괘]

자세한 사항은 '동효의 유무에 따른 괘의 판단 방법'에서 논하겠지만 동효가 하나일 경우는 본괘의 동효를 위주로 점 해석을 하되 본괘의 상(象)을 참고하고, 경우에 따라서만 지괘의 상을 참고한다. 그럼 점 해석을 해 보자.

대유괘의 상은 크게 형통함을 상징하며, 크게 부유함을 의미한다. 좋으나 중요한 건 이효의 효사다. 이효의 효사는 "큰 수레에 짐을 실은 모습이니, 갈 바가 있어 허물이 없을 것이다."라고 되어 있다. 이 효의 상을 논하자면, 큰 수레에 짐을 가득 실은 모습으로 능력을 인정받아 중책을 맡은 격이다. 이는 무엇이든 처리할 수 있는 능력과 자격(덕)을 갖추었으니, 어떠한 중책이라도 감당한다는 말이 된다. 곧 앞을 향해 전진하라는 말과도 같다. 일단 효사가 좋다. 생극의 이치도 밝혀야겠으나 그건 뒤의 '역수법'에서 하기로 하자. 그러나 흘깃 보니 체괘(體卦)가 상괘인 리화(離火)로 용괘(用卦)인 하괘 건금(乾金)을 극하니, 길하다. 점 해석할 때는 효사가 가장 중요하다. 일단 효사가 길하니 이직을 하면 길함을 알 수 있다. 더 자세하고 다양한 실례는 '점풀이의 실례'에서 하기로 한다.

바른 점괘를 얻는 방법과 자세

첫째, 점을 치는 내용은 반드시 정당한 것이어야 한다.

부당한 일에 점을 치면 안 된다. 만일 부당한 일로 점을 해서 좋은 괘가 나왔다고 해도 그리 길한 일이 되지 못한다. 해당 괘의 상(象)과 도덕을 눈여겨보아야지, 길하다고 해서 무조건 길하다거나 흉하다고 해서 무조건 흉하다고 해석하는 것은 옳지 않다. 이는 필자가 주역 괘사와 효사를 풀이한 부분에서 여러분이 중심을 잃지 않도록 따로 언급하겠다. 더하여 만일 누군가가 부정한 마음으로 점을 하면 하늘이 바른 답을 내주지 않을 수도 있다는 점을 명심하자.

둘째, 같은 내용을 두 번 치지 않으며, 삿된 마음을 품고 점을 치지 않는다.

같은 내용은 두 번 치지 않는다. 그러나 같은 문제를 다른 관점으로 점을 치는 것은 괜찮다. 뒤에서 다시 논하겠지만, 만일 점괘가 모호하거나 자신이 부족해서 해석이 안 되는 경우는 솔직하게 하늘에 자신의 부족함을 밝히고 정중히 다시 묻는 것은 괜찮지만, 두 번 이상 모호하게 나왔다면 하늘이 즉답을 피하는 것이니 다시 묻지 않는다. (그 외의 경우 누구든 약간의 시간을 들여 숙고한다면 이 책에서 답을 구할 수 있을 것이다.) 그러나 점괘가 안 좋게 나온 걸 알면서도 다시 치는 것은 안 된다. 또한 점괘를 의심하거나 시험하는 마음을 품고 점을 치면 바른 답을 구할 수 없다는 것을 알아둔다. 점치는 자의 자세는 항상 아무것도 모르는 순수한 어린아이와 같은 자세여야 한다는 것을 명심하자.

셋째, 질문은 간결하고 명확할수록 좋다.

궁금한 것을 물을 때는 되도록 질문을 간결하게 하고, 명확하게 해야 좋다. 그래야 바르고 정확한 답을 구할 수 있다.

넷째, 주역점은 하늘의 뜻을 묻는 작업이다. 하늘과 소통하는 상태라야 올바른 점괘를 얻을 수 있다. 자기 내면의 하늘과 소통한다고 봐도 좋다.

자신과 질문을 관조(觀(볼 관), 照(비출 조))하며 점을 친다. 이 부분이 올바른 점괘를 얻는 제일 중요한 부분으로, 깨어 있는 상태에서 괘를 얻어야 올바르고 정확한 하늘의 뜻을 구할 수 있다. 이 부분은 주역의 대가들도 오랜 시간 시험, 착오 끝에 얻은 방법이다. 어떤 때는 점괘를 신뢰할 수 있는데, 왜 어떤 때는 그렇지 못하는가에 주목한 것이다. 그 해답은 바로 관조에 있다. (유튜브 채널 '관심일법'의 〈관조의 힘과 격물치지〉 참고)

바른 점괘를 얻는 방법, 관조

바른 점괘, 즉 가급적 정확한 점괘를 얻기 위한 방법은 무엇일까? 말했듯 그 핵심은 바로 '관조(觀照)'에 있다. 이는 수행의 한 방법이기도 하다.

모든 성인들이 세상 사람들에게 알려 주고자 했던 핵심을 한 단어로 요약하자면, 그것은 바로 '관조'다. 마음을 보라는 석가의 '관심(觀心)'이나 안을 보라는 노자의 '내관(內觀)', 돌이켜 살피라는 공자의 '반성(反省)'이 모두 관조의 다른 이름일 뿐이며, 이를 아는 사람은 그리 많지 않다.

약 3000년 전에 지어진 『주역』의 핵심 키워드 역시 '관조'에 있다. 그만큼 관조의 자세는 정확한 점괘를 얻는 데 매우 중요하다. 미리 말하자면, 관조는 개인별로 차이가 있을 수 있겠으나 개념을 잡는 것은 개인의 몫이다. 직접적으로 알려 주어서 완성되기에는 한계가 있다는 점 밝혀 둔다.

관조를 더 정확하게는 '되돌려 비춘다'는 의미의 '반조(反照)'라고 한다. '반조'란, 자기 자신을 보고 비출 때 쓰는 말이다. 이를 순우리말로는 '돌아봄'이라고 한다.

그럼 '관조'라고 하는데, 무엇으로 어떻게 보는가? 이 부분을 보충하기 위해서 '비춘다'는 의미의 '조(照)' 자를 뒤에 붙인 것이다. 그럼 무엇으로 어떻게 비추는가? 그에 대한 답은 '본다'는 의미의 '관(觀)' 자에 있다.

세상의 만물과 일을 대하는 것을 '관조한다'고 하지만 자기 자신에게 국한되면 '반조한다'고 했다. 여기서 '관조'는 주로 자기 자신에게 쓰이는 의미로 보면 된다. 보고 비추는 무엇을 불가에서는 '그놈'이라는 표현을 써왔다. 다른 표현으로는 '지켜보는 자'라는 표현도 있다.

일단, 자기 자신을 '관조하는 무엇을 스스로 운용한다'고 보라. 그리고 자신의 몸동작과 나아가 생각과 말과 감정과 얼굴 표정까지도 보게 되는 것인데, 수행을 시작할 때는 몸동작부터 지켜보며 생각과 감정으로 나아가는 것이니, 곧 밖에서 안으로 들어가는 법을 따른다. 하지만 이는 수행에 해당되는 부분이므로 그렇다는 것만 알아두고 점을 치는 데 꼭 필요한 방법을 알아본다.

점을 칠 때 동전을 던지고 자신의 내면의 하늘에 질문을 고하는데, 이때 자신과 질문을 동시에 돌아봐야 한다. '내면의 하늘'은 개별적인 것으로서 표현의 어려움이 있으니 각자의 몫으로 두고, 자신의 질문에 집중하기로 넘어간다.

우선 자신의 생각은 어디에서 나타났다가 사라지는가? 그대의 눈앞이다. 그럼 감정은? 그대의 가슴 앞이다. 이는 일상에서 스스로를 관조하는 힘을 키우다 보면 자연스레 알게 되는 기초적인 부분인데, 바른 점괘를 얻기 위해 순서를 무시하고 알려 준다.

더하여 자신의 얼굴 표정까지도 살펴야 하는데, 그럼 어디서 봐야 하는가에 대한 답이 나온다. 자신의 몸과 생각과 얼굴까지도 살필 수 있는 지점은 어디인가? 답은 이미 나왔지만 모르겠거든 스스로 숙고해 보기를 권한다. 이 정도의 기본적인 부분까지 알려 주어서는 바른 점괘를 얻기에 무리가 있기 때문이다. 스스로를 관조하며 숙고할수록 자신의 보이지 않는 힘은 늘어갈 것이다.

불가의 '화두수행'이라는 것도 관조를 발판으로 푸는 것이다. 생각으로는 절대 풀 수가 없는 문제이니 결국 모든 수행이 관조로 귀결된다. (유튜브 채널 '관심일법'의 〈관조의 힘과 격물치지〉 참고)

역수법 기본

체와 용의 구분과 괘의 종류

이제는 체(괘)와 용(괘)의 구분과 점괘를 뽑을 때 나올 수 있는 괘들의
종류, 즉 점을 판단할 때 꼭 알아야 하는 기본 괘들에 대해 알아본다.

체와 용의 구분

좌측의 괘는 '화천대유(火天大有)괘'이다. 상괘가 '리화(離
火)'이고, 하괘가 '건금(乾金)'이다. 점괘를 뽑아서 육효 중에
동효(노양이나 노음)가 없으면 '무동(無動)'이라 부르고, 하괘
인 건금을 '체괘(體卦)'로 한다. 즉 '화천대유괘 무동'이 나오면 하괘인 건
금이 체괘가 되고, 상괘인 리화가 용괘(用卦)가 되는 것이다. 만일 동효
(動爻)가 있을 경우는 동효가 없는 괘를 체괘로 한다. 즉 아래의 초효·
이효·삼효 중에 동한 효가 있으면 하괘인 건금에 동효가 있는 것이니,

상괘인 리화를 체괘로 하는 것이다. 반대로 사효·오효·상효 중에 동효가 있으면 동효가 없는 하괘인 건금을 체괘로 삼는다. 그리고 동효가 있는 괘를 용괘로 삼는다. 그런데 상괘인 리화와 하괘인 건금에 모두 동효가 있으면, 즉 동시에 동하면 어떻게 하는가? (동효는 없을 수도 있고, 하나거나 셋이거나 모두 동할 수도 있다.) 그럴 때는 무동일 경우와 마찬가지로 하괘인 건금을 체괘로 한다. 점을 판단함에 있어 체괘가 용괘를 극(剋)하거나 용괘가 체괘를 생(生)하면 길하다고 보고, 체괘가 용괘를 생하거나 용괘가 체괘를 극하면 대체적으로 흉하다고 본다.

이상이 체괘와 용괘를 나누는 기본 원칙이다.

괘의 종류 − 본괘, 지괘(변괘 포함), 호괘, 변한 호괘

앞에서 언급한 '화천대유괘'의 사효(四爻)가 동했다고 치고, 나올 수 있는 괘의 종류에 대해 알아보자.

점을 판단할 때 보는 괘는 총 네 가지이다. 첫째로 본괘가 모든 괘의 기본 발판을 이룬다. 다음으로 나오는 괘가 지괘인데, 본괘에서 변해 갔다는 의미를 지닌다. 사효가 동했다고 했으니, 양효(陽爻)인 사효가 음효(陰爻)로 바뀌어 지괘는 '산천대축(山天大畜)괘'가 된다. 아래를 보자. (양효가 동하면 음효로 변하고, 음효가 동하면 양효로 변한다.)

| 화천대유 | 산천대축 | 택천쾌 | |
| [본괘] | [지괘] | [호괘] | [변한 호괘] |

본괘의 상괘인 리화에 동효가 있으니, 리화가 변해서 '간토'가 되었다. 변한 간토가 변괘(變卦)가 된다. 변괘가 있는 대성괘가 지괘가 되는 것이다. 지괘는 '산천대축(山天大畜)괘'가 되었다.

다음으로 호괘(互卦)가 나오는데, 호괘는 본괘의 초효와 상효를 제외한 이효·삼효·사효를 취해서 호괘의 하괘로 삼고, 삼효·사효·오효를 취해서 상괘로 삼는다. 따라서 위에서 보듯 화천대유괘의 이·삼·사효가 건금이니 호괘의 하괘는 '건금'이 되었고, 삼·사·오효가 태금이니 상괘는 '태금'이 되어 '택천쾌(澤天夬)괘'가 된다. 체괘가 하괘이면 호괘의 하괘가 체호괘가 되고, 체괘가 상괘일 때는 호괘의 상괘가 체호괘가 된다. 호괘는 본괘에서 나오는 것이므로 항상 나오게 되어 있다. 하지만 지괘는 본괘에 동효가 없으면 나오지 않는다.

또한 변한 호괘 역시 지괘가 있어야 나오는데, 괘가 있더라도 본괘의 초효나 상효만 동했을 때는 나오지 않는다. 위에서 보면 본괘의 사효가 동했으므로 변한 호괘가 나오게 되었는데, 변한 호괘는 사실상 지괘의 호괘라고 봐도 무방하다. 이유는 호괘가 본괘의 이·삼·사·오효를 취하여 나오듯 변한 호괘 역시 지괘의 이·삼·사·오효를 취해서 나오기 때문이다. 방식은 똑같다. 따라서 지괘의 이·삼·사효를 취해서 하괘인 '태금(兌金)'이 나오고, 삼·사·오효를 취해서 상괘인 '진목(震木)'이 나와서 '뇌택귀매(雷澤歸妹)괘'가 된다.

이때 본괘의 사효가 동했기 때문에 변한 호괘가 상괘와 하괘에 동시에 나왔지만, 본괘의 이효나 오효가 동하면 변한 호괘가 하괘나 상괘에 하나만 나온다. 변한 호괘는 위에서처럼 온전히 나올 수도 있지만 상괘나 하괘에 하나만 나올 수도 있고, 나오지 않을 수도 있다는 점을 알아두자. 이유는 변한 호괘가 지괘에서 나오긴 하지만 호괘에서 변해 갔다는 의미인데, 호괘와 같으면 변한 호괘의 의미를 상실하기 때문에 취하지 않는 것이다. 따라서 본괘의 초효나 상효가 동하면 호괘와 같기 때문에 변한 호괘를 쓰지 않고 이효가 동하면 변한 호괘는 하괘만 쓰고, 오효가 동하면 상괘만 쓰며, 삼효나 사효가 동했을 때만 변한 호괘의 상괘와 하괘가 모두 나와 사용되는 것이다. 위에서 보면 호괘의 상괘는 '태금'인데 변한 호괘의 상괘는 '진목'으로 다르고, 또 호괘의 하괘는 '건금'인데 변한 호괘의 하괘는 '태금'으로 다름을 알 수 있다.

　예를 들어 본괘가 앞에서 살펴본 것과 같은 '화천대유'인데 이효가 동했다면 지괘는 '중화리'가 된다.

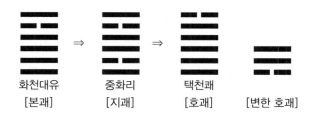

화천대유	중화리	택천쾌	
[본괘]	[지괘]	[호괘]	[변한 호괘]

　호괘는 같은 '택천쾌'가 된다. 변한 호괘는 지괘의 이·삼·사효를 취해서 하괘를 삼아 '손목'이 된다. 이는 호괘의 하괘인 '건금'과는 다르므로 쓰이게 된다. 하지만 지괘의 삼·사·오효는 호괘의 상괘인 '태금'과 같으므로 쓰지 않는 것이다. 쓰지 않는다는 것은 역수법을 논할 때, 즉 생극의 이치를 살펴 길흉을 판단할 때 쓰지 않는 것을 의미한다. 마찬가지로 체괘와 같은 동괘(同卦)는 쓰지 않는데, 동효가 있으면 용괘는 변해서 변괘가 되므로 지괘의 변괘는 쓰지만, 위에서처럼 지괘의 상괘가 체괘와 같은 '리화(離火)'이므로 생극의 이치를 따질 때는 쓰지 않고 배제한다. 이 부분은 뒤에서 다시 언급할 것이다.

그런데 상괘와 하괘가 동시에 동하면 변괘는 어찌 되는가의 문제가 남는다. 상괘와 하괘가 동시에 동할 때는 본괘의 하괘가 체가 되니까 상괘인 용괘가 변한 지괘의 상괘만 변괘가 되는가? 아니다. 이때에는 지괘의 상괘와 하괘가 모두 변괘가 된다. 변괘가 둘이 되는 것이다. 이럴 경우는 다만 생극의 이치를 따지는 것이 조금 복잡해질 뿐 달라지는 건 없다. 한 가지 알아둘 것은 '점법의 토대를 이루는 18가지 점법'에서 보면 잃어버린 물건을 찾는 실물점의 경우 변괘가 잃어버린 물건이 있는 장소가 되는데, 이때에는 본괘의 체괘가 하괘가 되므로 지괘의 상괘를 변괘로 규정하고, 물건이 있는 장소를 논한다는 점을 기억해 두자.

또한 작게는 본괘의 용괘를 용괘라 부르지만, 넓은 의미에서는 본괘의 체괘를 뺀 나머지 용괘와 변괘, 호괘를 모두 용괘로 본다. '점법의 토대를 이루는 18가지 점법'에서 말하는 용괘는 좁은 의미로 본괘의 용괘를 가리키지만, 때로는 넓은 의미로 용괘뿐 아니라 변괘와 호괘를 모두 가리킨다는 것을 알아두자.

동효의 유무에 따른 괘의 판단 방법

이번에는 점괘를 얻었을 때, 동효가 없는 무동일 때와 효가 하나나 그 이상 동했을 때 점 판단하는 법칙을 논한다. 점을 해석할 때는 다음의 내용을 숙지하고, '2 주역점 응용' 편을 참고하면 된다.

첫째, 하나의 효(爻)도 동하지 않았을 때를 '무동(無動)'이라 한다. 괘가 무동일 경우 본괘의 괘상(卦象)과 괘사(卦辭)로 판단한다. 단, 건(乾)

괘와 곤(坤)괘 무동일 경우, 건괘는 본괘의 괘상을 참고하고 용구(用九)의 효사를 위주로 판단하고, 곤괘는 본괘의 괘상을 참고하고 용육(用六)의 효사를 위주로 판단한다.

> **참고** 64괘 중 해당 괘를 보면 괘상과 괘사가 있고, 괘마다 6개의 효 중 해당 효를 보면 효사가 있다. 중천건괘의 괘상은 '굳건함과 강건함'이고, 화천대유괘의 괘상은 정신적으로나 물질적으로 '풍족하고 가득한' 것이다.

둘째, 1개의 효가 동하면 본괘의 동효를 위주로 판단하되 본괘의 괘상을 참고하고, 경우에 따라 지괘의 괘상을 참고한다. 경우에 따른다는 것은 점자의 안목에 따른 것이니, 심역(心易)의 기틀을 세우는 것이 중요하다. 그 방법이 관조에 있다.

셋째, 2개의 효가 동하면 본괘의 괘상과 동한 2개의 효 중 아래 하효의 효사를 참고하고, 동한 상효의 효사를 위주로 판단한다. 즉 이효와 오효가 동시에 동하면 이효를 참고하고 오효를 위주로 본다. ('점풀이의 실례(p.71)' 참고)

넷째, 3개의 효가 동하면 본괘와 본괘에서 변해 간 지괘의 괘상과 괘사를 같이 보고 판단하되, 다음의 20가지의 경우에 따라 비중을 나눈다.

· 변해 간 지괘가 다음의 10개에 해당하는 경우

천지비, 산풍고, 뇌풍항, 택산함, 수풍정, 택수곤, 풍수환, 풍산점, 화산려, 화수미제 ▶ 본괘의 괘상과 괘사를 위주로 판단하고, 지괘의 괘상과 괘사를 참고한다. 굳이 그 비중을 나누면 7~8 대 2~3 정도다.

· 변해 간 지괘가 다음의 10개에 해당하는 경우

택뢰수, 산화비, 화뢰서합, 산택손, 풍뢰익, 뇌택귀매, 뇌화풍, 중택

태, 수택절, 수화기제 ▶ 지괘의 괘상과 괘사를 위주로 판단하고, 본괘
의 괘상과 괘사를 참고한다.

위의 20가지 경우 말고 본괘와 지괘를 동등하게 보는 경우는 본괘가
바탕을 이루고 지괘로 확장되는 것, 즉 본괘에서 지괘의 상으로 나아간
다고 보면 된다.

다섯째, 4개의 효가 동하면 본괘를 제외하고 지괘로 판단하는데, 지
괘의 괘상과 동하지 않은 2개의 효(지괘의 무변효(無變爻)) 중 위 상효의
효사를 참고하고, 무변효 중 아래 하효의 효사를 위주로 판단한다. 즉
초효, 삼효, 사효, 상효가 동하면 초효, 삼효, 사효, 상효가 변한 지괘가
나온다. 이때 변하지 않은 이효와 오효가 무변효가 되는데, 지괘의 오효
를 참고하고 이효를 위주로 본다.

여섯째, 5개의 효가 동하면 지괘의 무변효의 효사를 위주로 판단하되
지괘의 괘상을 참고하고, 경우에 따라 본괘의 괘상을 참고한다.

일곱째, 6개의 효가 모두 동하면 지괘의 괘상과 괘사로 판단한다.

팔괘와 오행의 기수

팔괘(八卦)와 오행(五行)의 기수(氣數)는 점괘의 길흉과 실익의 기한
을 구하는 데 있어 중요한 부분이다. 이를 숙지하고 있어야 점괘를 판단
할 때 빠르게 적용이 가능하다.

먼저 팔괘 중 건금(乾金)의 해당 기수는 '술(戌)'과 '해(亥)'이다. 다음

오행의 기수가 있는데, 건금은 '금(金)'이므로 건금의 오행 기수는 신금(申金)과 유금(酉金)이다. 팔괘와 오행의 기수가 약간의 차이를 보이는데, 이것을 나누지 말고 같이 외운다. 따라서 건금의 팔괘와 오행의 기수는 '신(申), 유(酉), 술(戌), 해(亥)'가 된다. 즉 신, 유, 술, 해에 해당하는 연월일시에 길하거나 흉함을 의미한다. 또 건금은 '일건천(一乾天)'이니 숫자 '1(一)'을 의미한다. 따라서 점괘를 판단할 때, 경우에 따라서는 1일 후·한 달 후·1년 후를 의미하기도 한다. 또한 금요일을 의미하기도 하니, 금요일에서 길흉과 실익의 기한을 구할 때도 있다.

태금(兌金)의 해당 기수는 '유금(酉金)'이다. 오행의 기수는 태금이 '금(金)'이므로 건금과 같은 신금(申金)과 유금(酉金)이다. 따라서 '신, 유'에 해당하는 연월일시에 길하거나 흉함을 알 수 있다. 또한 태금은 '이태택(二兌澤)'으로 숫자 '2(二)'를 의미하니 점괘를 판단할 때 경우에 따라서는 2일 후나 두 달 후, 혹은 2년 후를 의미하기도 한다. 또한 금요일을 의미하기도 하니, 금요일에서 길흉과 실익의 기한을 구할 때도 있다.

리화(離火)의 해당 기수는 '오화(午火)'다. 오행의 기수는 리화가 '화(火)'이므로 사화(巳火)와 오화(午火)다. 따라서 '사(巳)와 오(午)'에 해당하는 연월일시에 길하거나 흉함을 의미한다. 또한 리화는 '삼리화(三離火)'로 숫자 '3(三)'을 의미하니 점괘를 판단할 때 경우에 따라서는 3일 후나 세 달 후, 혹은 3년 후를 의미하기도 한다. 또한 화요일을 의미하기도 하니, 화요일에서 길흉과 실익의 기한을 구할 때도 있다.

진목(震木)의 해당 기수는 '묘목(卯木)'이다. 오행의 기수는 진목이 '목(木)'이므로 인목(寅木)과 묘목(卯木)이다. 따라서 '인(寅)과 묘(卯)'에 해당하는 연월일시에 길하거나 흉함을 의미한다. 또한 진목은 '사진뢰(四震雷)'로 숫자 '4(四)'를 의미하니 점괘를 판단할 때 경우에 따라서는 4일 후나 네 달 후, 혹은 4년 후를 의미하기도 한다. 또한 목요일을 의미하기도 하니, 목요일에서 길흉과 실익의 기한을 구할 때도 있다.

손목(巽木)의 해당 기수는 '진토(辰土)'와 '사화(巳火)'다. 오행의 기수는 손목이 '목(木)'이므로 진목과 같은 인목(寅木)과 묘목(卯木)이다. 따라서 '인(寅), 묘(卯), 진(辰), 사(巳)'에 해당하는 연월일시에 길하거나 흉함을 의미한다. 또한 손목은 '오손풍(五巽風)'으로 숫자 '5(五)'를 의미하니 점괘를 판단할 때 경우에 따라서는 5일 후나 다섯 달 후, 혹은 5년 후를 의미하기도 한다. 또한 목요일을 의미하기도 하니, 목요일에서 길흉과 실익의 기한을 구할 때도 있다.

감수(坎水)의 해당 기수는 '자수(子水)'다. 오행의 기수는 감수가 '수(水)'이므로 해수(亥水)와 자수(子水)가 된다. 따라서 '해(亥), 자(子)'에 해당하는 연월일시에 길하거나 흉함을 알 수 있다. 또한 감수는 '육감수(六坎水)'로 숫자 '6(六)'을 의미하니 점괘를 판단할 때 경우에 따라서는 6일 후나 여섯 달 후, 혹은 6년 후를 의미하기도 한다. 또한 수요일을 의미하기도 하니, 수요일에서 길흉과 실익의 기한을 구할 때도 있다.

간토(艮土)의 해당 기수는 '축토(丑土)'와 '인목(寅木)'이다. 오행의 기수는 간토가 '토(土)'이므로 진토(辰土), 술토(戌土), 축토(丑土), 미토(未土)가 된다. 따라서 '진(辰), 술(戌), 축(丑), 미(未), 인(寅)'에 해당하는 연월일시에 길하거나 흉함을 의미한다. 또한 간토는 '칠간산(七艮山)'으로 숫자 '7(七)'을 의미하니 점괘를 판단할 때 경우에 따라서는 7일 후나 일곱 달 후, 혹은 7년 후를 의미하기도 한다. 또한 토요일을 의미하기도 하니, 토요일에서 길흉과 실익의 기한을 구할 때도 있다.

곤토(坤土)의 해당 기수는 '미토(未土)'와 '신금(申金)'이다. 오행의 기수는 곤토가 '토(土)'이므로 간토와 같은 진토(辰土), 술토(戌土), 축토

(축土), 미토(未土)가 된다. 따라서 '진(辰), 술(戌), 축(丑), 미(未), 신(申)' 에 해당하는 연월일시에 길하거나 흉함을 알 수 있다. 또한 곤토는 '팔곤지(八坤地)'로 숫자 '8(八)'을 의미하니 점괘를 판단할 때 경우에 따라서는 8일 후나 여덟 달 후, 혹은 8년 후를 의미하기도 한다. 또한 토요일을 의미하기도 하니, 토요일에서 길흉과 실익의 기한을 구할 때도 있다.

팔괘	건	태	리	진	손	감	간	곤
	☰	☱	☲	☳	☴	☵	☶	☷
의미 숫자	1	2	3	4	5	6	7	8
오행 기수	신/유/술/해	신/유	사/오	인/묘	인/묘/진/사	해/자	진/술/축/미/인	진/술/축/미/신

체괘가 생·극을 받았을 때의 기본 해석

아래의 사항은 참고 사항으로 절대적 기준은 아니다. 체괘를 팔괘가 생극할 때 전반적으로 이런 기운이 감돈다는 정도로 기억하면 되며, 괘들이 가진 특성을 파악하면 된다.

팔괘가 체괘를 생(生)하는 경우

체괘가 건금이나 태금일 경우는 간토나 곤토가 체를 생한다.
체괘가 리화일 경우는 진목이나 손목이 체를 생한다.

체괘가 진목이나 손목일 경우는 감수가 체를 생한다.

체괘가 감수일 경우는 건금이나 태금이 체를 생한다.

체괘가 간토나 곤토일 경우는 리화가 체를 생한다.

팔괘가 체괘를 생할 때

건금이 생하면 공공기관과 관련해서 기쁨이 있을 수 있다.

건금이 생하면 재물을 얻게 되거나 명예가 높아질 수 있다.

건금이 생하면 서북방과 관련해서 기쁨이 있을 수 있다.

태금이 생하면 재물을 얻을 수 있다.

태금이 생하면 음식을 먹는 즐거움 등의 기쁨이 있을 수 있다.

태금이 생하면 서방과 관련해서 기쁨이 있을 수 있다.

리화가 생하면 문서와 관련해서 기쁨이 있을 수 있다.

리화가 생하면 불(火)과 관련해서 기쁨이 있을 수 있다.

리화가 생하면 남방과 관련해서 기쁨이 있을 수 있다.

진목이 생하면 산림과 관련해서 기쁨(이익)이 있을 수 있다.

진목이 생하면 적극적으로 움직이면 기쁨이 있을 수 있다.

진목이 생하면 동방과 관련해서 기쁨이 있을 수 있다.

손목이 생하면 산림과 관련해서 기쁨(이익)이 있을 수 있다.

손목이 생하면 채소(풀 종류) 등과 관련해서 기쁨(이익)이 있을 수 있다.

손목이 생하면 동남방과 관련해서 기쁨이 있을 수 있다.

감수가 생하면 물(물, 술, 소금, 물고기 등)과 관련해서 기쁨(이익)이 있을 수 있다.

감수가 생하면 북방과 관련해서 기쁨이 있을 수 있다.

간토가 생하면 산림이나 전토와 관련해서 기쁨(이익)이 있을 수 있다.

간토가 생하면 도모하는 일에서 유종의 미(잘 이루어짐)를 거둘 수 있다.

간토가 생하면 심신이 평안을 얻을 수 있다.

간토가 생하면 동북방과 관련해서 기쁨이 있을 수 있다.

곤토가 생하면 전토와 관련해서 기쁨(이익)이 있을 수 있다.

곤토가 생하면 음인(여인이나 소인)에 의해 기쁨(이익)이 있을 수 있다.

곤토가 생하면 무언가(물건)를 얻는 기쁨이 있을 수 있다.

곤토가 생하면 서남방과 관련해서 기쁨이 있을 수 있다.

팔괘가 체괘를 극(剋)하는 경우

체괘가 건금이나 태금일 경우는 리화가 체를 극한다.

체괘가 리화일 경우는 감수가 체를 극한다.

체괘가 진목이나 손목일 경우는 건금이나 태금이 체를 극한다.

체괘가 감수일 경우는 간토나 곤토가 체를 극한다.

체괘가 간토나 곤토일 경우는 진목이나 손목이 체를 극한다.

팔괘가 체괘를 극할 때

건금이 극하면 공공기관과 관련해서 근심이 있을 수 있다.

건금이 극하면 귀한 물건을 잃는 등 재물에 손해가 있을 수 있다.

건금이 극하면 명예에 손실이 있을 수 있다.

건금이 극하면 서북방과 관련해서 근심이 있을 수 있다.

태금이 극하면 구설이나 분쟁이 있을 수 있다.

태금이 극하면 부서지는 근심이 있을 수 있다.

태금이 극하면 음식으로 인한 근심이 있을 수 있다.

태금이 극하면 서방과 관련해서 근심이 있을 수 있다.

리화가 극하면 문서와 관련해서 근심이 있을 수 있다.

리화가 극하면 불($火$)과 관련해서 근심이 있을 수 있다.

리화가 극하면 남방과 관련해서 근심이 있을 수 있다.

진목이 극하면 심신이 평안을 잃을 수 있다.

진목이 극하면 산림과 관련해서 근심(손실)이 있을 수 있다.

진목이 극하면 동방과 관련해서 근심이 있을 수 있다.

손목이 극하면 명예 훼손이나 이간질의 화가 있을 수 있다.

손목이 극하면 산림과 관련해서 근심이 있을 수 있다.

손목이 극하면 동남방과 관련해서 근심이 있을 수 있다.

감수가 극하면 물(술, 물, 소금, 물고기 등)과 관련해서 근심이 있을 수 있다.

감수가 극하면 도적이 들게 되는 등 험한 상황에 직면하게 될 수 있다.

감수가 극하면 북방과 관련해서 근심이 있을 수 있다.

간토가 극하면 도모하는 일에 근심(막힘)이 있을 수 있다.
간토가 극하면 산림이나 전토와 관련해서 근심(손실)이 있을 수 있다.
간토가 극하면 동북방과 관련해서 근심이 있을 수 있다.

곤토가 극하면 전토와 관련해서 근심(손실)이 있을 수 있다.
곤토가 극하면 음인에 의해 해가 있을 수 있다.
곤토가 극하면 무언가(물건)에 손실이 있을 수 있다.
곤토가 극하면 서남방과 관련해서 근심이 있을 수 있다.

역수법 본론

길흉과 실익의 기한을 구하는 기본 원칙

역수법(易數法) 생극(生剋)*의 이치를 밝혀 점괘의 길흉을 판단하는 법으로, 길흉과 실익의 기한을 구하는 기본 법칙에 대해서 논한다.

점괘를 얻었을 때 효사와 생극의 이치가 충돌하면 효사가 우선한다. 다시 말해 효사는 길한데 체를 극하는 괘가 있어 흉하다면 효사를 위주로 하니, 길하다고 판단한다.

다만 점괘를 판단할 때의 기본 원칙은 주역의 괘를 위주로 하되, 다음은 괘들 간의 생극과 해당 월과 일의 응(應)함을 살펴 다 길하면 반드시 길하고, 다 흉하면 반드시 흉하다. 길흉이 섞여 있으면 우선적으로 괘사와 효사를 상세히 살피고, 다음으로 체용(體用)** 간의 생극을 살펴서 길

---

* '생극'이란, 체괘와 괘들 간의 생하고 극함과 해당 월과 일의 오행의 응함(생, 극, 비화(比和)=같은 오행)을 포함한다.
** 용(用)의 범위에는 용괘뿐 아니라 체괘를 제외한 모든 괘와 점칠 때의 해당 월과 일을 포함한다.

함과 흉함을 판단한다. 그러나 질문에 따라서는 괘사·효사만 살피고, 체용 간의 생극을 살필 필요가 없는 경우도 적지 않다. 이는 '점풀이의 실례'에서 살펴본다.

만일 생극의 이치를 살필 때 길함과 흉함이 함께 있으면 길한 가운데 흉함이 있고 흉한 가운데 길함이 있는 것이니, 얻고 잃음이 함께한다고 본다.

체괘를 극하는 괘가 극을 당하면 흉이 감소하고, 체괘를 생하는 괘가 극을 당하면 길함이 감소한다. 또 흉한가를 점쳤을 때 체괘를 생하는 괘가 없으면 반드시 흉하고, 길한가를 점쳤을 때 체괘를 극하는 괘가 없으면 반드시 길하다. 그렇지 않은 경우는 체용 간의 생극을 잘 살펴 판단해야 오류가 없다.

체괘와 비화하는 괘는 배제한다.

생극의 이치를 살필 때 체괘와 오행이 같은 괘는 배제한다는 말이다. 체괘를 생극하는 괘와 체괘가 생극하는 괘만 살핀다. 기존의 '매화역수'에서는 체괘와 비화(같은 오행)하는 괘가 있으면 체괘의 힘이 왕성하고 길하다고 보지만, 점치는 행위를 통해 괘를 얻는 '후천단법'에서는 배제한다. 후천단법의 역수법에서는 체괘와 비화하는 괘가 있다고 해서 체괘가 왕성하다고 논하지 않으며, 길도 흉도 아닌 것으로 본다. 괘의 쇠함과 왕함은 오직 월과 일의 오행으로만 판단한다. 하지만 체괘를 극하거나 생하는 괘와 비화하는 괘가 있으면 극하거나 생하는 힘이 커지므로 곧 길흉의 힘이 커진다고 판단한다. 단, 체괘와 비화하더라도 해당괘의 정보는 취한다. 일례로, 괘상을 논할 때나 실물 점에서 물건이 있는 장소의 정보를 알려 주는 변괘의 경우, 변괘가 체괘와 비화하더라도 해당 괘의 정보는 취한다. 체괘와 비화한다고 해서 무조건 배제하는 게 아니라 생극의 이치를 살펴 길흉을 논할 때만 배제한다고 보면 된다.

길흉을 판단할 때 체괘가 용괘(넓은 의미의 용괘, 변괘·호괘 포함)의 생극을 받든, 체괘가 용괘를 생극하든 동등하게 판단한다.

체괘가 용괘의 생을 받거나 용괘를 극할 때는 모두 길하다고 보며, 체괘가 용괘의 극을 받거나 용괘를 생할 때는 모두 흉하다고 본다. 이는 얻거나 잃는 기수, 즉 실익의 기한을 구할 때 적용되는 중요한 원칙이다.

길흉과 실익의 기한(팔괘와 오행의 기수 암기)을 구하는 우선순위는 용괘, 호괘, 변괘, 변한 호괘의 순이다.

이는 용괘, 호괘, 변괘, 변한 호괘의 순으로 힘의 크기를 나타낸다. 앞에 있는 용괘가 지닌 힘이 가장 크다고 보면 합당하다. 즉 용괘가 체를 극하거나 생할 때의 효과가 가장 뚜렷하고 확실하게 나타난다고 보면 된다. 참고로 호괘 중에서 보면 체호괘가 용호괘보다 조금 더 힘이 크다. 일례로, 체가 용괘를 생하고 호괘가 체를 극한다면 용괘의 기수에서 잃는다고 보면 합당하고, 호괘가 체를 생하고 체가 용괘를 극한다면 역시 용괘의 기수에서 얻음이 있다고 보면 합당하다. 또한 체괘가 용괘와 비화하고(비화하면 배제한다.) 호괘의 생을 받으면서 변괘를 극한다면 호괘의 기수에서 얻는다고 보면 합당한데, 체가 용과 비화하고 호괘를 생하면서 변괘의 극을 받는다면 변괘의 기수에서 잃는다고 본다. 호괘가 체괘를 생하거나 극할 때와는 달리 체괘가 호괘를 생하거나 극할 때는 예외가 된다. ('역수법의 예외 사항(p.55)' 참고)

괘의 쇠왕(衰旺)

괘가 지닌 힘이 왕(旺)하고 쇠(衰)함을 논할 때는 해당 월(月)과 일(日)의 응함을 본다. 연(年)과 시(時)는 제외하고 월과 일만 본다. 해당 월과 일의 12지지의 오행을 살피는 것이다. 이는 월과 일의 힘이 가장 강하기 때문이다. 사주에서도 월지(月支)와 일지(日支)의 힘이 가장 강한데, 일지보다는 월지의 힘이 더 강하다. 여기서도 마찬가지로 월의 힘이 일보다 강하다고 보면 된다. 또한 괘들 간의 생극의 힘보다 월과 일의 응하는 힘이 더 크다.

- 체괘가 월과 비화하고 일의 극을 받으면 체괘가 그런대로 왕하다고 본다.
- 체괘를 월이 극하고 일과 비화하면 왕하지도, 쇠하지도 않다고 보는 게 합당하다.
- 체괘가 극을 받더라도 월이나 일의 도움(비화)을 받아 왕하다면 흉(고난)을 감당할 수 있다고 판단한다.

월·일의 오행이 체괘를 극하는 괘를 극하면 흉이 감소하고, 생하는 괘를 극하면 길함이 감소하며, 극하는 괘를 도우면(비화) 흉함이 확실하고, 생하는 괘를 도우면 길함이 확실하다.

또한 월, 일의 오행은 괘들을 돕거나(비화) 극하는 것만 논한다. 월, 일의 오행이 체괘를 제외한 다른 괘를 생하거나 설기하는 것은 논하지 않는다. 또한 역으로 괘들의 오행이 월, 일의 오행을 극하거나 생하는 것은 논하지 않는다.

단 월, 일의 오행과 체괘 간의 생·극·비화 관계는 모두 논한다. 즉 월이나 일의 오행이 체괘와 같으면 체괘의 기운이 강성하니 가장 좋고, 체괘를 생하거나 체괘에게 극을 당하는 오행이면 좋으며, 체괘를 극하면 체괘의 힘이 쇠해지니 가장 좋지 않고, 체괘의 기운을 설기하는 오행이면 체괘의 기운이 빠지니 역시 좋다고 보지는 않는다. 다만 월, 일의 오행의 기수에서는 길흉, 실익의 기한을 구하지 않는다. 길흉과 실익의 기한은 괘들 안에서 구하는 것이 기본 원칙이다.

역수법의 예외 사항

생극의 이치를 살펴 길흉을 판단하는 역수법의 예외 사항은 다음과 같다.

잃는 기수를 논할 때, 월이나 일의 오행이 체를 극하는 괘를 도우면(비화) 극하는 괘의 기수에서 우선적으로 잃는다고 판단한다.

또한 용괘가 체괘를 극하고 체괘가 변괘를 생할 때는 모두 흉한데, 이때 흉한 기일을 알려면 용괘·호괘·변괘·변한 호괘 순의 힘의 크기에 따라 일반적으로 용괘의 기수에서 잃는다고 보는 게 맞지만, 월이나 일의 오행이 용괘를 극하면 변괘의 기수에서 잃는다고 판단한다.

월의 오행이 체를 극하는 괘를 도우면(비화), 나머지 일의 오행이 그 괘를 다시 극해도 체를 극하는 해당 괘의 기수에서 우선적으로 잃는다고 본다. 하지만 월과 일의 기운의 크기에 대해 언급했듯 반대의 경우, 즉 일의 오행이 체를 극하는 괘와 비화하고, 월의 오행이 그 괘를 다시 극할 때는 그렇지 않다. 이때에는 모든 괘들의 관계를 두루 살펴서 판단한다. 즉 이제까지 언급한 기본 원칙에 충실하면 된다. 다른 상황도 이 원칙을 바탕으로 적용하면 무리가 없다.

반대로 얻는 기한을 논할 때도 예외 사항이 있는데, 이는 예외라기보다는 기본 원칙의 확장일 뿐이다. 일례로, 체괘가 용괘(변괘)를 극하고 변괘(용괘)가 체괘를 생하는 경우에는 둘 모두의 기수에서 얻는 기일을 구한다. 즉 용괘와 변괘 모두의 기수에서 길하다고 본다. 다만 얻는 기일을 구함에 있어 용괘의 기수가 확률이 좀 더 클 뿐(기본 원칙)이다. 그 외 나머지는 기본 원칙에 충실하면 되므로 괘들 간의 생극의 이치를 잘 살피고, 월과 일의 응함을 잘 살펴 판단하면 된다.

체를 극하는 괘가 둘 이상이더라도 극하는 괘에서 우선적으로 잃는다고 보진 않는다. 일례로, 체가 용을 생하고 변괘와 호괘의 극을 받는다면 용괘의 기수에서 잃는다고 보면 된다. 기본 원칙대로 보면 된다.

호괘가 체괘를 생극할 때는 얻고 잃음(득실)을 논하나, 체괘가 호괘를 생극할 때는 기운이 빠지거나 극해서 좋음(생하는 뜻이 있음.)은 논해도 호괘의 기수에서 득실을 논하지는 않는다. 단 용괘, 변괘와 체괘 간의 득실은 모두 논한다. 일례로, 체괘가 호괘를 생하고 변괘의 극을 받는다면 호괘의 힘이 더 크더라도 변괘의 기수에서 잃는다고 보면 합당하다.

여기까지가 역수법 본론이라고 보면 된다. 복잡한 것 같아도 팔괘의 생극만 알고 이해하면 어렵지 않게 적용 가능하다. 실전은 '점풀이의 실례'에서 논하도록 한다. 암기할 것 몇 가지와 법칙을 이해하면 실전에서도 빛을 발할 것이다.

역수법의 부가 설명

역수법의 몇 가지 부가적인 내용을 살펴본다.

괘사나 효사를 판단하고, 나아가 체용 간의 생극을 논할 것이냐 말 것이냐는 이치를 살펴 적용 여부를 판단해야 한다. 경우(질문)에 따라서는 체용 간의 생극을 살필 필요가 없는 점괘도 있기 때문이다. 또 본괘의 상(象)뿐 아니라 지괘와 호괘의 괘상을 논하는 경우도 있는데, 이 역시 그때의 상황을 잘 보아 분별해서 적용한다. (이때 변한 호괘가 있더라도 변한 호괘의 괘상은 논하지 않는다.) '점풀이의 실례'에서 하겠지만 잘 보아 분별해서 적용한다는 것은 점자(占者)의 안목에 달려 있음을 의미한다. 다시 말해 점자의 직관이 발달해 있어야 한다는 뜻이다. 말했듯 직관의 발달은 관조의 영역이다. 하지만 걱정할 것은 없다. 효사의 내용과 체용 간 생극의 이치만 알아도 길흉의 여부를 확실하게 알 수 있다.

괘가 무동일 경우 동효가 있을 때와 마찬가지로 생극을 살필 때도 있고 괘상과 괘사로만 논하기도 하는데, 생극의 이치를 논할 경우는 본괘와 호괘를 분리해서 논한다. 본괘의 체괘와 용괘 간의 생극을 살피고, 호괘의 체호괘와 용호괘 간의 생극은 따로 살핀다는 뜻이다. 이때에도 역시 체괘를 용괘가 생해 주거나 체괘가 용괘를 극하면 길하다. 무동일 경우는 생극을 살피는 것이 간단하다.

말했듯 항상 생극의 이치를 살필 필요가 있는 점괘가 나오는 건 아니다. 그것은 질문에 따라서 달라지기도 하는데, 길흉의 시기를 구하는 질문에서는 생극의 이치를 살펴 구하는 점괘가 나온다고 보면 된다. 예를 들면 사업이 잘 안 풀리는 사람이 있다고 하자. 그가 점괘 뽑기를 "제가 하는 사업이 풀리겠습니까? 풀린다면 그때는 언제입니까?"라는 질문을 한다면 풀릴 것인지 말 것인지와 함께 생극의 이치를 살펴 그 시기를 가늠할 수 있는 점괘가 나오기 마련이다.

하늘의 뜻을 물어 점괘를 얻고자 했으나 간간이 하늘이 즉답을 회피하는 경우도 있다. 모든 질문에 100% 답을 주는 것은 아니다. 질문에 따라 즉답을 피하는 경우도 있다. 아직 알아서는 안 되는 경우라든가, 아니면 질문이 잘못된 경우라든가 여러 가지 경우의 수가 있지만, 대개의 경우 하늘은 그 답을 준다. 하늘이 즉답을 피할 때는 그럴 만한 이유가 있다고 보면 된다. 그럴 경우는 대개 점자를 위해서라고 보면 된다.

점의 판단에서 용괘, 호괘, 변괘가 일의 시작, 중간, 끝이라고 하는 등의 괘의 작용과 관계 판단은 역시 점자의 안목에 달려 있다. 경우에 따라서 그렇게 볼 수도 있고, 아닐 수도 있다는 뜻이다. 또한 점의 판단에서 체괘와 용괘·변괘의 생극 관계를 살피고, 나아가 체괘와 호괘·변한 호괘와의 관계를 따로 살피는 경우도 있는데, 이는 그때그때 변통할 문제이니 역시 점자의 안목에 달린 것이다. 그렇게 점을 판단하는 경우도 드물게 있다.

용괘가 체괘를 극하는 뜻이 있고, 변괘가 체괘를 생하면 지금(처음)은 안 좋아도 뒤에는 좋아지는 뜻이 있다. 그러나 변괘가 체괘를 극하거나 체괘가 변괘를 생한다고 반드시 끝이 안 좋은 건 아니다. 안 좋을 수도, 아닐 수도 있다.

본괘는 일에 처한 현재 상황을, 지괘는 하기에 따라 혹은 주변 상황에 따라 진행될 과정을 뜻하기도 하지만 반드시 그런 건 아니다. 또한 호괘는 일의 숨은 의미나 성격을 내포하기도 한다.

점법의 토대를 이루는
18가지 점법

이미 언급했듯 체괘와 비화(같은 오행)하는 괘는 논하지 않는다. 용괘(호괘, 변괘)가 체괘와 비화한다면 길도, 흉도 아닌 것이다. 만약 체용 간에 생하고 극함이 없으면 괘상과 괘사 및 효사로만 판단한다. 또한 역수법 시간에 언급했듯 체괘를 생하거나 체괘가 극하는 괘가 있으면 길(吉)하다고 보며 해당 괘의 기수에서 얻는 기일을 판단하고, 체괘가 생하거나 체괘를 극하는 괘가 있으면 흉(凶)하다고 보며 해당 괘의 기수에서 잃는 기일을 판단한다.

또 점칠 때의 월과 일의 오행이 체괘와 비화하면 체괘의 기운이 강성하니 가장 좋고, 체괘가 극하거나 체괘를 생하면 좋으며, 체괘를 극하면 체괘의 기운이 약해지니 좋지 않고, 체괘가 생해 주면 역시 기운이 빠진다고 판단한다.

점괘를 판단할 때는 체괘와 용괘·호괘·변괘의 관계를 자세히 살피고, 월과 일의 응함을 살펴서 판단해야 오류가 없다. 18점법은 큰 테두리의 테마를 위주로 분류되었으나 여기에 언급되지 않은 어떤 질문도 점괘를 얻고 풀이가 가능하다. 그것은 언급한 대로 괘상과 효사의 길흉을 위주로 보고, 다음으로 역수법의 원칙을 적용하면 된다. 생극에 따른 길흉의 법칙은 대동소이하기 때문이다.

다음에서 언급하는 '용(用)'은 넓은 의미의 용괘(용괘, 호괘, 변괘)를 의미하나 때로는 용괘만을 가리키기도 하니, 잘 보고 판단해야 한다.

기본 점 9가지

인사점 / 개업점 / 사업점

체가 주인이 되고, 용이 손님이 된다. 인사점(人事占)은 사람의 '일〔事〕'을 말하는 것으로, 모든 점의 기준이 된다. 사람과의 관계나 일을 총칭하는데 자신의 일을 알아보는 점으로, 사람을 들이는 일이나 하는 일도 포함된다.

체가 용을 극하면 일이 길하고, 용이 체를 극하면 흉하다.

체가 용을 생하면 흉하여 갈수록 손실을 보고, 용이 체를 생하면 길하여 갈수록 나아진다.

재물점(주식점)

체가 주인, 용이 재물이 된다. 재물을 구할 때 알아보는 점이다.

체가 용을 극하면 재물을 얻고, 용이 체를 극하면 재물을 얻지 못하거나 잃는다.

체가 용을 생하면 재물이 손실되고, 용이 체를 생하면 재물이 늘어난다.

가택점 / 집터점

체가 주인이 되고, 용이 가택이 된다. 가택이나 집터의 운세를 알아보는 점이다.

체가 용을 극하면 안정을 이루어 길하고, 용이 체를 극하면 흉하다.

체가 용을 생하면 하락 운으로 점차 손실을 보고, 용이 체를 생하면 상승 운으로 갈수록 나아진다.

은행점(계좌) / 금고점

체가 주인이 되고, 용이 재물 창고가 된다. 계좌나 금고의 길흉을 본다.

체가 용을 극하면 길하고, 용이 체를 극하면 흉하다.

체가 용을 생하면 재물이 줄어들고, 용이 체를 생하면 재물이 늘어난다.

송사점 / 시합점

체가 주인이 되고, 용이 송사 혹은 상대방이 된다. 다툼의 길흉을 알아보는데, 여기서는 체와 용의 왕함과 쇠함이 중요하다. 따라서 체괘가 왕하면 좋다.

체가 용을 극하면 내가 이기고, 용이 체를 극하면 상대방이 이긴다.

체가 용을 생하면 지거나 혹 지지는 않더라도 손실을 보며, 용이 체를 생하면 이기고 이득을 본다.

질병점 / 건강점

질병점

체가 병든 사람이 되고, 용이 병의 증세가 된다. 체괘가 왕성해야 좋다. 만약 극을 당해도 체괘가 왕성하거나 체괘가 쇠하더라도 생해 주는 괘가 있으면 그런대로 회복 가능하지만 그렇지 않으면 좋지 않은데, 극을 당하면서 쇠하면 심한 경우 사망할 수도 있다.

체가 용을 극하면 호전되고, 용이 체를 극하면 호전되지 않고 혹은 악화된다.

체가 용을 생하면 호전되기 어렵고, 용이 체를 생하면 호전된다.

건강점

체가 주인이 되고, 용이 건강이 된다. 체괘가 왕성하면 좋다. 만약 극을 당해도 체괘가 왕성하거나 체괘가 쇠하더라도 생해 주는 괘가 있으면 그런대로 건강 유지가 가능하지만, 그렇지 않으면 좋지 않다.

체가 용을 극하면 건강하고, 용이 체를 극하면 좋지 않다.

체가 용을 생하면 기운이 빠져 좋지 않고, 용이 체를 생하면 좋다.

참고 **팔괘에 해당하는 신체 부위**

체괘가 극을 받을 때 용괘가 '건금'이면 머리나 폐에, '태금'이면 입이나 폐·방광·대장, '리화'면 눈이나 심장·소장, '진목'이면 발이나 간, '손목'이면 허벅지나 기맥·사지, '감수'면 귀·피(혈액순환)나 신장·털, '간토'면 코·손이나 뼈·근육, '곤토'면 배나 비장·위장·자궁·살에 이상이 있다.

여행점

체가 주인이 되고, 용이 여행이 된다. 체괘가 왕성하면 좋다. 여행의 길흉을 알아본다.

체가 용을 극하면 여행이 순조롭다. 용이 체를 극하면 가기 어렵고 가더라도 순조롭지 못하거나 화를 입는 등 좋지 않다.

체가 용을 생하면 여행이 순조롭지 못하고 화를 입게 되고, 용이 체를 생하면 여행이 순조롭다.

괘들 중에 건금이나 진목이 둘 이상이면 많이 움직이게 되고, 곤토나 간토가 둘 이상이면 한곳에 머무르게 된다. 또한 감수가 있으면 험한 상황에 직면할 수가 있고, 태금이 있으면 구설이나 분쟁이 있을 수 있다. 태금이나 감수가 나오면 괘와 월, 일의 오행의 극을 포함해서 둘 이상의 기운의 극을 받으면 무력화된다. (이때 체괘의 극은 해당되지 않는다.)

알현점

체가 주인이 되고, 용이 알현할 사람이 된다. 누군가를 만날 일이 있는 경우에 알아보는 점으로, 만남의 목적(성과)을 이룰 수 있는지도 함께 알아본다.

체가 용을 극하면 만나게 되고, 용이 체를 극하면 만날 수 없다.

체가 용을 생하면 만나기 어렵고 만나더라도 목적을 이룰 수 없으며, 용이 체를 생하면 만나게 되고 뜻한 바를 이룰 수 있다.

산소점

체가 주인이 되고, 용이 산소(분묘)가 된다. 산소의 길흉을 알아본다.

체가 용을 극하면 길한 터고, 용이 체를 극하면 흉한 터가 된다.

체가 용을 생하면 흉하여 쇠퇴하고, 용이 체를 생하면 길하여 발복한다.

예외 점 9가지

예외 점 9가지 항목은 기본 점과 대동소이하나 약간의 차이가 있다.
여기서는 체가 용을 극하면 대개의 경우 성사가 늦어지게 된다.

혼인점* / 약혼점 / 연애점

체가 주인이 되고, 용이 혼인 혹은 연애의 상대방이 된다. 이 점은 혼
인이나 연애 운을 알아본다. 체괘가 왕성**하면 이쪽 집안이 나은 집안
이고, 용괘가 왕성하면 상대 집안이 나은 집안이다.

체가 용을 극하면 혼인(연애)이 늦게 성사되고, 용이 체를 극하면 성사되기
어려우며 된다 해도 좋지 않다.

체가 용을 생하면 성사되기 어렵고, 된다 해도 혼인(연애)으로 인해 별반의

---

* 혼인(연애)점에서는 "제가 A와 혼인(연애)하면 어떻습니까?"라는 질문이 가장
  적합하나 "제가 A와 혼인(연애)할 수 있겠습니까?" 혹은 "저는 (언제) 혼인(연
  애)할 수 있겠습니까?"라는 질문 역시 가능하다.
** 체괘나 용괘의 왕성함과 쇠함은 월과 일의 오행을 살핀다.

소득*이 없거나 손실을 본다. 용이 체를 생하면 혼인(연애)은 쉽게 성사되고, 혼인(연애)으로 인해 얻는 바가 있다.

출산점

체가 어머니가 되고, 용이 자식(태아)이 된다. 산모나 태아의 건강 상태를 알아본다. 체괘가 쇠할 경우 극을 받으면 어머니가 위험하고, 용괘가 쇠할 경우 극을 받으면 태아가 위험하다.

체가 용을 극하면 태아에게 안 좋고, 용이 체를 극하면 어머니에게 안 좋다.

체가 용을 생하면 자식에게 좋고, 용이 체를 생하면 어머니에게 좋다.

구모점(求謀占, 도모하는 일)

체가 주인이 되고, 용이 도모하는 일이 된다. 무언가를 하고자 할 때 알아보는 점이다.

체가 용을 극하면 도모하는 일이 늦게 이루어지고, 용이 체를 극하면 이루기 어려우며 하는 일도 해롭다.

체가 용을 생하면 이루기 어렵고, 용이 체를 생하면 쉽게 이루어진다.

구직점 / 시험점

체가 주인이 되고, 용이 구직 및 시험이 된다. 구직 및 시험 운을 알아본다.

---

* '소득'이란 꼭 물질적인 소득만을 의미하지는 않는다. '손실' 역시 마찬가지다.

구직점

체가 용을 극하면 직업을 늦게 구하게 되고, 용이 체를 극하면 직업을 구할 수 없다.

체가 용을 생하면 직업을 구하기 어렵고 설사 구한다 해도 좋지 않으며, 용이 체를 생하면 직업을 구하게 된다.

시험점

체가 용을 극하면 시험에 늦게 합격하고, 용이 체를 극하면 시험에 떨어진다.

체가 용을 생하면 시험에 통과하기 어렵고 설사 통과한다 해도 좋지 않으며, 용이 체를 생하면 시험에 합격한다.

구명점 / 승진점 / 출마점

체가 주인이 되고, 용이 명성(名聲)이 된다. 명성을 얻을 것인지를 알아보는데, 승진이나 당선 운도 함께 알아본다.

구명(求名)점(명성을 구함.)

체가 용을 극하면 명성을 늦게 얻게 되고, 용이 체를 극하면 명성을 얻을 수 없다.

체가 용을 생하면 명성을 얻기 어렵고 설사 얻는다 해도 좋지 않으며, 용이 체를 생하면 명성을 얻게 되고 그로 인해 얻는 바가 있다.

승진점 / 출마점

체가 용을 극하면 늦게 승진(당선)하게 되고, 용이 체를 극하면 승진(당선)

이 어렵다.

체가 용을 생하면 승진(당선)하기 어렵고 설사 된다 해도 좋지 않으며, 용이 체를 생하면 승진(당선)하게 되고 그로 인해 얻는 바가 있다.

교역점 / 매매점

체가 주인이 되고, 용이 교역(매매)이 된다. 교역(매매)의 성사 여부와 길흉을 알아본다.

체가 용을 극하면 늦게 성사되고, 용이 체를 극하면 성사되지 않는다.

체가 용을 생하면 성사되기 어렵고 된다 해도 손실을 보게 되며, 용이 체를 생하면 쉽게 성사되고 그로 인해 이득을 보게 된다.

행인점

체가 주인이 되고, 용이 행인 혹은 행인의 상태가 된다. 출타한 행인의 상태를 종합적으로 알아본다. 체괘가 왕성하거나 생해 주는 괘가 있으면 행인이 순조롭다. 용괘는 행인의 상태를, 변괘는 행인이 있는 장소, 용호괘*는 행인이 있는 방향, 체호괘는 행인을 의미한다.

체가 용을 극하면 행인이 늦게 돌아오고, 용이 체를 극하면 행인이 돌아오지 않는다.

체가 용을 생하면 행인이 돌아올 때가 안 된 것이고, 용이 체를 생하면 곧 돌아온다.

---

* 행인이 있는 방향은 점치는 장소를 기준으로 한다. 이하 실물점과 가출점에서도 같이 적용한다.

본괘나 지괘가 '택산함괘'면 신속하게 감응함을 의미하기에 멀리 있어도 금방 돌아옴을 의미하고, '지풍승괘'면 위로 오른다는 의미로 인해 돌아오지 못함을, '중산간괘'면 그침(막힘)을 의미하기에 막힘이 있음을, '중수감괘'면 구덩이를 의미하기에 험함을 의미한다. 용괘가 간토일 경우에는 일을 마친다는 의미가 되지만 본괘나 지괘가 간괘일 경우에는 그침(막힘)의 의미로 사용된다는 것을 알아둔다.

> **주의**
>
> • 행인이나 가출자, 혹은 실물이 어디에 있는지, 어떻게 지내는지 뻔히 알면서 점을 치면 바른 점괘가 나오지 않는다. 또한 의심하는 마음이나 시험하는 뜻으로 점을 치면 안 된다.
> • 용괘가 '건금'이나 '리화'면 행인이 편안하고 순조로운 것이고, '태금'이면 구설이나 분쟁이 있고, '진목'이면 바빠서 편치 못하고, '손목'이면 배에 있고, '감수'면 험한 곳 험한 상황에 있고, '간토'면 할 일을 마친 것이고, '곤토'면 막힘이 있어 혹은 오도 가도 못하는 상황에 있는 것이다. 그러나 용괘가 건금이나 리화일지라도 체와 용의 생극을 우선으로 한다. 체가 극을 받는다면 행인은 편안하거나 순조롭지 않다고 본다. 이하 실물점과 가출점 역시 다음 행인점의 관계도에 대입해서 적용한다. 다만 차이점은 숙지한다.

실물점 / 누군가 숨겨둔 물건을 찾는 점

체가 주인이 되고, 용이 물건 혹은 물건의 상태가 된다. 잃어버린 물건이나 숨겨져 있는 물건을 찾을 때 본다. 용괘는 물건의 상태를, 변괘는 물건이 있는 장소, 용호괘는 물건이 있는 방향, 체호괘는 물건을 의미한다.

체가 용을 극하면 물건을 늦게 찾게 되고, 용이 체를 극하면 물건을 찾더라도 손상이 있다.

체가 용을 생하면 물건을 찾기 어렵고, 용이 체를 생하면 쉽게 찾는다.

용괘가 건금이나 리화면 물건이 온전히 잘 있는 것이고, 태금이면 물건에 흠이 생긴 것이고, 진목이면 자주 움직이는 상황이고, 손목이면 배에 있고, 감수면 험한 곳·험한 상황에 있고, 간토나 곤토면 막힘이 있어 혹은 오도 가도 못하는 상황이다.

가출점 / 실종점 / 사람 찾는 점

체가 주인이 되고, 용이 가출자 혹은 가출자의 상태가 된다. 가출(실종)자나 사람을 찾을 때 알아본다. 용괘는 가출자(실종자)의 상태를, 변괘는 가출자(실종자)가 있는 장소, 용호괘는 가출자(실종자)가 있는 방향, 체호괘는 가출자(실종자)를 의미한다.

체가 용을 극하면 늦게 찾게 되고, 용이 체를 극하면 찾더라도 다시 나간다.

체가 용을 생하면 찾기 어렵고, 용이 체를 생하면 쉽게 찾는다.

용괘가 건금이나 리화면 편안히 잘 있는 것이고, 태금이면 구설이나 분쟁이 있는 것이고, 진목이면 자주 움직여 편치 못한 상황이고, 손목이면 배에 있고, 감수면 험한 곳이나 험한 상황에 있고, 간토나 곤토면 막힘이 있어 혹은 오도 가도 못하는 상황이다.

변괘의 해석과 점풀이의 실례

행인점, 실물점, 가출점에서
물건(사람)이 있는 장소인 변괘의 해석

사람이나 물건의 행방을 알 수 있는 변괘의 해석에 대한 내용이다. 변괘가 팔괘 중 다음에 해당하면 해당 장소에 사람(물건)이 있는 것이다.

▶ 변괘가 '건금'이면 공공건물이나 높은 곳(장소), 차 안에 있다.

참고 쇠나 돌 같은 단단한 물건이나 둥근 그릇의 근처나 안에 있기도 하다.

▶ 변괘가 '태금'이면 우물이나 연못, 저수지, 목욕탕, 수영장에 있거나
근처에 있다.

참고 깨진 그릇이나 훼손된 물건의 근처나 안에 있기도 하다.

▶ 변괘가 '리화'면 불 근처나 매우 더운 곳에 있다. (난롯가, 화롯가, 용
광로, 소각장, 숯가마, 불가마, 찜질방 등)

참고 창가 혹은 문서의 안이나 근처에 있기도 하다.

▶ 변괘가 '진목'이면 시끄럽고 번잡한 곳이나 대로변에 있다.

(사람이 많은 시장, 마트, 음식점, 터미널, 공연장, 나이트, 카바레 등)

참고 악기나 종 등 소리 나는 물건의 근처나 안에 있기도 하다.

▶ 변괘가 '손목'이면 배 안에 있다.

참고 때로는 나무그릇이나 나무로 된 물건의 근처, 혹은 안에 있기도 하다.

▶ 변괘가 '감수'면 술집(근처)이나 물집, 혹은 물가에 있다. 물이나 소금, 술, 물고기를 생산·보관·가공·판매하는 곳에 해당한다. (술집, 물집, 강, 바다, 어장, 활어가 많은 수산시장, 횟집, 소금 만드는 곳 등 → 물, 소금, 술, 물고기를 생산, 보관, 판매하는 곳)

▶ 변괘가 '간토'면 위락 시설이나 숙박 시설에 있다. (게임방, PC방, 볼링장, 놀이공원, 당구장, 골프장, 모텔, 호텔 등)

▶ 변괘가 '곤토'면 한적한 시골이나 시골 마을에 있다.

참고 창고, 밭이나 들, 그릇의 안이나 근처에 있기도 하다.

점풀이의 실례

지금까지 익힌 내용을 토대로 실제 풀이를 해 보자. 실례를 풀어보면 그렇게 어렵거나 복잡하지 않음을 알 수 있다. 이 과정을 통해 괘를 해석하는 눈이 달라진다.

점풀이 실례 1 재산 문제 소송은 어떻게 되겠는가?

손님 중에 수조 원대의 재산 문제로 소송을 염두에 두고 찾아온 이가 있었다. 맏이에게로 모든 재산이 넘어가서 동생들은 그저 구경만 하고 있는 실정이었는데, 맏이가 약속하기를 땅이 팔리면 조금씩 나눠 주겠다고 했다는 것이다. 그의 질문은 믿고 기다리면 얼마라도 받을 수 있을지, 아니면 소송을 해서라도 자기 몫을 찾아야 하는지, 또는 소송을 한다면 자기 몫을 찾을 수 있는지였다. 과연 어떻게 하는 것이 좋은지 필자는 하늘에 고하고 질문을 던졌다.

질문 1 이분이 소송을 염두에 두고 있는데, 어떻게 하는 것이 좋겠습니까?

'풍화가인괘 이효와 오효'를 얻었다(이효와 오효가 동했다는 말이다.).

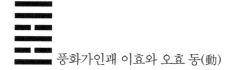 풍화가인괘 이효와 오효 동(動)

이효의 효사를 보자. "육이는 이루려는 바가 없이 집안에서 음식을 장만하면 바르게 해서 길하다." 그 뜻은 이렇다. 이 효를 얻은 이는 무엇이든 독단적인 결정을 내리지 말고, 좋은 가정주부처럼 집안일에 충실하면 바르고 길하다.

이효의 효사는 참고로 보는 것이니, 다음으로 중요한 오효의 효사를 보자.

오효의 효사를 보자. "구오는 왕이 집안의 도를 지극히 세우니, 근심하지 않아서 길하다." 그 뜻은 이렇다. 화목(사랑)을 기반으로 집안사람을 대하면 근심하거나 수고롭게 힘쓰지 않아도 가정(나라, 회사)이 잘 다스려지는 길한 점이다. 가정이나 사회의 책임자로서 사랑과 관용으로 이끌어 나가면 구성원의 존경을 받는다.

쉽게 말해, 독단으로 소송 같은 험한 일을 하지 말고 믿음을 갖고 사랑으로 사람들을 대하면 일이 길하게 풀려나갈 것이라고 점괘는 알려주고 있다. 효사의 풀이대로라면 믿고 기다리면 맏이가 약속한 얼마간의 몫은 받을 수 있다고 보는 게 맞다.

그가 그럼 소송을 하면 다 찾을 수 있는지 물었다. (참고로 이번 질문은 실익의 시기를 물을 게 아니기 때문에 효사만으로 해결이 가능하다. 따라서 생극의 이치는 살필 필요가 없다.)

질문 2 소송을 하면 어떻습니까? 다 찾을 수 있겠습니까?
'화풍정괘 초효'를 얻었다.

화풍정괘 초효

초효의 효사를 보자. "초육은 솥발이 엎어졌지만, 안 좋은 것을 쏟아내니 이롭다. 첩을 얻고 자식을 얻으니 허물이 없어진다." 그 뜻은 이렇다. 이 효는 비록 잘못된 방도더라도 솥 안의 나쁜 것을 쏟아내니 이로운 상이다. 솥을 비우면 새로운 것을 담아 삶을 수 있게 된다. 묵은 것을 버리고 새롭게 출발하는 격이다.

효사의 내용은, 송사를 하는 것은 비록 잘못된 방도지만 결과적으로는 솥 안에 있는 오물을 쏟아내는 격이니 길하게 된다고 말하고 있다. 효사를 가장 중요하게 보는데, 일단 효사가 길하다.

그럼 다음으로 체용 간의 생극을 살펴보자. 초효가 변해서 지괘가 '화천대유괘'가 나왔다. 그리고 호괘로는 '택천쾌괘'가 나온다. 초효가 동했으니 변한 호괘는 나오지 않는다. 아래를 보자.

화풍정
[본괘]

화천대유
[지괘]

택천쾌
[호괘]

월(月) 오행 = 土
일(日) 오행 = 金

초효가 동했으니 상괘인 리화가 체괘가 되고, 하괘인 손목이 용괘가 된다. 바람에 해당하는 나무 손목이 체괘인 리화를 생해 주니, 불길이 성해져 아주 좋다. 용괘가 변한 변괘 역시 체괘에게 극을 받는 건금이니 좋다. 호괘인 쾌괘 역시 체호괘와 용호괘가 태금과 건금으로, 체괘인 리화에게 극을 받아 좋다.

다음으로 월(月)과 일(日)의 지지의 오행을 살펴보자. 월의 지지는 '토(土)'로, 체괘인 리화의 기운을 설기하니 좋지는 않지만 괘들이 체를 생하는 뜻이 있어 별문제는 안 된다. 일단 괘들 중에도 체괘를 극하는 감수나 설기하는 간토, 곤토가 없어 체괘의 왕쇠가 큰 문제가 되지 않는 것이다. 일은 '금(金)'으로, 체괘인 리화에게 극을 받는 오행이라 신경 쓸 것 없다. 효사가 길한데 생극까지 길하니 더 볼 필요도 없다. 송사하면 무조건 이긴다.

여기서 잠깐 괘상을 보자. '화풍정(鼎)괘'의 상은 옛것을 버리고 새것을 이루어 안정(형통, 발전)에 이르게 됨을 의미한다. 그리고 지괘인 '대유(大有)'는 글자 그대로 크게 이룸을 의미한다. 정신적이든 물질적이든 풍요로워지는 상이 있다. 64괘 중에서 풍요로 따지면 최고의 괘다. 다음 호괘를 보면 '택천쾌괘'로, 괘의 상은 과감하고도 강인한 척결과 결단을 의미한다. 앞에서는 그냥 있어도 얼마간은 받을 수 있다는 점괘가 나왔지만, 작정하고 진행한다면 무조건 이기는 것은 물론이거니와 큰 이득이 뒤따름을 암시하고 있다.

자, 이제 그때가 언제인지 기한을 구해 보자. 체괘인 리화가 변괘와 호괘를 모두 극하고 있으나 용괘인 손목으로부터 생을 받고 있으니, 기본 법칙대로 용괘인 손목의 기수에서 기한을 구하는 게 옳다. 손목의 기수는 인(寅)·묘(卯)·진(辰)·사(巳)인데, 다가오는 인년 월·일이 되면 소송에서 이기고 풍요(대유)를 이룰 수 있음을 알 수 있다. 필자는 인년 인·묘·진·사월로 보았다. 땅이 덩어리가 커서 팔리는 것도 문제인데, 지괘로 대유괘가 나왔으니 적어도 묘(卯)년까지는 팔릴 것으로 보았다.

점풀이 실례 2 몸이 언제 낫겠나?

한 지인이 잠시 들렀는데 몸이 안 좋아 보였다. 감기와 장염으로 며칠째 앓고 있다고 했다. 필자가 점괘를 뽑아 보았다.

질문 1 몸이 언제 낫겠습니까?

'지화명이괘 초효'를 얻었다.

지화명이괘 초효

초효의 효사를 보자. "초구는 명이(明夷)의 때에 자신의 날개를 아래로 늘어뜨린다. 군자가 감에 3일을 먹지 않으니, 가는 바를 두면 주인이 나무라는 말이 있다." 그 뜻은 이렇다. 이 효는 하늘을 날던 새가 자신의 날개를 접고 과감하게 물러나 은거하는 점이다. 군자는 비록 3일씩 굶더라도 부정, 불의와는 타협하지 않는다.

효사의 내용에서 해당 상황을 유추해 내는 것이 점괘를 잘 판단하는 비결이다. 이 효의 상에는 '삼일불식(三一不食)'의 상이 있다. 즉 3일을 먹지 않고 굶는 상이다. 유추하면 3일을 힘없이 지낸다는 말과도 같다. 효사대로라면 3일 후면 낫는다는 말인데, 체용의 생극을 살펴보자.

지화명이
[본괘]

지산겸
[지괘]

뇌수해
[호괘]

월(月) 오행 = 金
일(日) 오행 = 火

이번에도 초효가 동했으니 동한 하괘가 용괘가 되고, 상괘가 체괘가 된다. 그리고 변한 호괘는 나오지 않는다. 일단 용괘인 리화가 체괘 간토를 생해 주니 좋은데, 무엇보다 일의 오행이 체괘를 생하는 용괘 리화와 비화하니 리화의 힘이 강하다. 변괘는 같은 오행이니 제하고, 체호괘인 진목이 용호괘인 감수의 생을 받아 체괘를 극하니 좋지 않다. 그러나 극을 하는 체호괘 진목의 기운을 리화가 설기해 체괘를 돕고, 월에 해당하는 '금(金)'의 기운이 진목을 극하니, 극하는 힘이 그리 강한 것은 못 된다.

그를 보아하니 그리 심한 것 같지는 않았다. 비록 월이 체괘를 설기하나 일이 체괘를 생하는 오행이니, 그게 그거다. 그럼 리화의 기수인 사(巳)·오(午)일에 낫는다고 볼 수 있는데, 이미 지났으니 멀어 보였다. 하지만 그리 심하진 않으니 그리 오래 가지는 않을 거라고 판단하고 보니, 말했듯 리화는 3일 후나 3개월 후가 될 수도 있다고 했으니 3일 후라고 보면 합당하다. 또한 효사에서도 3일이라 했으니 분명히 3일 후면 낫는다고 보았다. 예상대로 3일째 되던 날, 그는 씻은 듯이 나았다. 참고로 '풀림, 해결'이라는 키워드를 지닌 호괘의 상을 보면 낫게 될 것임을 암시하고 있다 할 것이다.

점풀이 실례 3 기업의 전망은?

필자가 주식시장의 흐름과 모(A) 기업의 전망을 점괘로 내다본 적이 있다. 그때 당시 기업의 전망을 물었을 때 '화천대유괘 무동'을 얻었다. 대유괘는 많은 부를 의미한다.

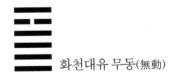

화천대유 무동(無動)

대유괘로 보면 기업의 전망이 매우 밝음을 알 수 있다. 그런데 얼마

뒤 그 기업이 진행하던 프로젝트가 실패하면서 상장 폐지 위기는 물론 주주들로부터 손해배상을 당하는 사태가 일어났다. 필자가 의아해하면서 해당 기업의 전망을 다시 내다보았다. 그런데 이번에도 전과 같은 '화천대유괘 무동'을 얻었다. 점괘대로라면 A 기업은 전망이 좋다. 그런데 왜 이런 상황이 벌어진 걸까? 필자는 A 기업의 전망을 물었지 해당 기업이 진행하는 프로젝트에 대해 물은 게 아니었다. 그렇다면 비록 그 일로 인해 A 기업이 시련은 겪겠지만 결국 잘 극복해 낸다고 볼 수 있다. 하지만 상황이 너무 안 좋았다. 해서 다시 점괘를 뽑아 보았다.

질문 1 A 기업은 다시 재기하겠습니까?

이번에는 '화지진괘 삼효, 사효, 오효'의 세 효가 동하여 지괘로 '풍산점괘'를 함께 얻었다. 세 개의 효가 동하면 동한 효의 효사를 보는 게 아니라 본괘와 지괘의 상을 함께 본다.

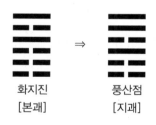

화지진　　　풍산점
[본괘]　　　[지괘]

다만 세 개의 효가 동했을 때 변한 지괘가 풍산점이면 본괘를 위주로 보고, 지괘는 참고로 본다.

화지진괘의 상은 앞으로 나아가는 상이다. '전진, 등용'이라는 키워드를 지녔다. 비유하면, 태양이 떠올라 머리 위로 향하는 상이다. 그리고 풍산점괘의 상은 점진적으로 나아가는 것이다. 종합하면 태양이 중천에 오르는 상인데, 점차적으로 그렇게 되어 감을 알 수 있다. 따라서 기업의 전망은 매우 좋으며, 반드시 재기함을 알 수 있다. 그럼 그때는 언제인지 알아보자.

화지진	풍산점	수산건	월(月) 오행 = 土
[본괘]	[지괘]	[호괘]	일(日) 오행 = 土
			[변한 호괘]

본괘의 상괘와 하괘가 동시에 동하면 하괘를 체괘로 한다. 용괘인 리화가 체괘인 곤토를 생해 주니 매우 좋다. 여기서는 변괘가 둘이 되는데, 체괘 곤토가 변한 간토(지괘의 하괘)는 체괘와 같은 오행이니 배제하고, 지괘의 상괘인 손목이 용호괘 감수의 생을 받아 체를 극하니 좋지 않다. 하지만 용괘 리화가 손목의 기운을 설기해 체를 돕고 있고, 용호괘 감수가 리화로 변해 체를 생하며, 무엇보다 월(月)뿐 아니라 일(日)의 오행마저 체괘와 같은 '토(土)'의 기운이다. 이럴 때는 체가 극을 받아도 능히 감당하게 된다. 한마디로, 체가 왕성하니 어떤 시련과 고난도 극복해 내는 것이다.

답은 나왔다. A 기업은 체가 극을 받아(호괘가 수산건괘로, '고난'을 의미한다.) 시련은 있겠으나 능히 이겨 내고 떠오르는 태양처럼 나아가게 될 것이다.

그럼 그때는 언제인가? 손목이 극을 하니 손목의 기수인 인(寅)·묘(卯)·진(辰)·사(巳)에 좋지 않고, 그리고 손목을 돕는 감수의 기수인 해(亥)·자(子)년월에도 좋지는 않을 것임을 알 수 있다. (이는 괘들 중에

'감수'가 있기 때문이다. 체괘가 비록 감수를 극하나 체를 극하는 손목을 돕는 것이 흉하게 작용한다.) 용괘 리화의 기수인 사(巳)·오(午)년월에 길할 것임을 알 수 있는데, 보면 손목의 기수와 리화의 기수 중 '사(巳)'가 겹친다. 이때는 손목의 기수에서 '사(巳)'를 제한다. 사는 리화의 기운인 '화(火)'에 해당하니 길하다고 보는 것이 맞다.

종합하면 그 기업은 해, 자, 인, 묘에는 흉할 것이나 변화의 진토(辰土)운에 이르러 도약의 기미가 보이리라 여겨진다. 그리고 사(巳)·오(午)년월에 비상하리라. 참고로 '해(亥), 자(子)'보다는 체를 극하는 손목의 기수인 '인(寅), 묘(卯)'에 더 흉할 것이니, 시련이 더 남았다는 의미다. 지금은 해(亥)년이다.

그런데 괘를 한 번 더 뽑아서 확실하게 봐도 좋다. 같은 문제를 두고 다른 각도에서 질문하는 것이다. 의심해서가 아니라 혹시 모르니 확실하게 하려는 의도라면 이런 식의 질문도 괜찮다. 이렇게 괘를 확인(증명)하는 것도 가능하다는 것을 참고로 알아두자.

질문 2 A 기업은 화(火)운에 재기에 성공하겠습니까?

이번에는 '화풍정괘 삼효와 상효'가 동했다. 상효를 위주로 보고, 삼효는 참고로 본다.

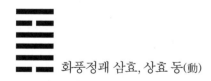
화풍정괘 삼효, 상효 동(動)

먼저 화풍정괘의 괘상은 '혁신하여 안정을 이룸'을 의미한다. 그럼 참고로 보는 삼효의 효사를 보자. "구삼은 솥귀가 변하여 그 나아감이 막혀 꿩고기를 먹지 못하나, 바야흐로 비가 내리면 후회가 결국 길하게 된다." 그 뜻은 이렇다. 이 효는 자신의 잘못으로 솥 안에 있는 맛있는 음식을 먹지 못하는 상이 있으니, 나아감이 막힌 상이 된다. 하지만 머잖아 화합의 비가 내려 음식을 먹을 수 있으니, 후회(반성, 변화)가 결국 길하게 된다.

효사 내용을 보니, 현재는 막혀서 나아갈 수 없는 상태지만 머잖아 때가 되면 뜻을 이룰 수 있음을 암시하고 있다. 효사대로라면 결국 길하게 된다.

그럼 중요하게 봐야 하는 상효의 효사를 보자. "상구는 솥에 옥으로 된 고리가 달렸으니, 크게 길하여 이롭지 않음이 없다." 이미 대강 짐작이 가능하겠지만 그 뜻은 이렇다. 이 효는 중도로써 '강'과 '유'가 조화를 이루었으니, 크게 길하여 이롭지 않음이 없는 점이다. 상구는 세상을 안정시키는 '솥〔鼎〕의 도'를 이룬 것이다. 이는 솥 안에 익힌 맛있는 음식을 여러 사람이 먹게 하는 격으로, 세상을 이롭게 하는 것이니 크게 길하다.

이런 효사를 얻으면 무조건 길하니 이루어진다고 보면 된다. 따라서 화(火)운에 이르면 A 기업은 반드시 도약하게 된다. 그것도 대유괘가 의미하는 것처럼 크게 도약할 것이다.

효사가 대길하고 질문이 길흉과 실익의 기한을 구하는 질문이 아니었으니 생극은 살필 필요가 없다. 생극을 보면, 생하고 극함이 함께 있어 길흉이 반반이다. 전에 언급했듯 생극을 살필 필요가 없는 경우도 많고, 서로 일치하지 않을 때는 괘효사를 위주로 본다. 그런데 지괘로 '뇌수해괘'가 나왔으니 뇌수해괘의 괘상대로 화(火)운에 이르면 골치 아픈 문제에서 풀려나고, 고난이 해결되는 기쁨을 맛보게 될 것임을 알 수 있다.

우리 가족은 언제 집을 장만하고 안정을 얻겠나?

　이 질문을 한 사람은 현재 추진하고 있는 사업이 있는데, 전망이 나빠 보이진 않았다. 하여 재차 질문하였는데, 자기와 가족은 언제쯤 마음에 드는 집을 장만하여 안정을 이루겠느냐는 것이었다. 괘를 뽑아 '지천태 괘 동효가 없는 무동(無動)'을 얻었다. 동효가 없는 무동일 경우는 지괘 가 나오지 않는다. 호괘만 나오는데, 호괘는 '뇌택귀매괘' 다.

월(月) 오행 = 土
일(日) 오행 = 水

지천태 무동　　　뇌택귀매
[본괘]　　　　　[호괘]

　일단 '지천태'의 괘상을 보면, 천하가 태평함을 얻어 안정을 이루는 괘라고 할 수 있다. 주변이 화목하지 않거나 바르지 않은 이에게서는 좀처럼 얻기 힘든 괘다. 비록 무동이긴 하나 태괘를 얻었다는 것은 반드시 그 뜻을 이루게 됨을 의미한다.

　무동일 경우 생극을 논할 때는 체괘와 용괘 간의 생극만 살피면 된다. 생극을 보면 체괘인 건금이 용괘인 곤토의 생을 받는다. 길하다. 게다가 체를 생하는 용괘 곤토가 월(月)의 도움을 받아 그 힘이 강성하다. 호괘로 볼 적에도 체호괘인 태금이 용호괘인 진목을 극하고 있어 길하다. 말했듯 이때는 본괘는 본괘 안에서만 논하고, 호괘는 호괘 안에서만 논한다.

그 시기를 보자. 체를 생하는 용괘 곤토의 기수는 진(辰), 술(戌), 축(丑), 미(未), 신(申)이다. 술년은 이미 갔고, 진년과 미년은 머니 다가올 축년이 확실하다. 여기서는 언급하지 않았지만 그의 사업 운을 봤을 때도 그렇다. 또 호괘의 운을 보면 체호괘로부터 극을 당하는 진목의 기수가 인(寅)·묘(卯)인데, 늦어도 축년에서 묘년까지는 계속해서 길할 것임을 알 수 있다. (하지만 모든 무동의 괘를 이렇게 해석하는 것은 아니다. 호괘의 운이 아니라고 판단되면 본괘만으로 판단하는 것이 옳다. 이 경우는 같이 보았다.)

중요한 것은, 지천태괘로 미루어 그가 바라는 대로 반드시 이루어질 것이라는 점이고, 그것도 머잖아 이루게 됨을 알 수 있다.

점풀이 실례 5 이혼 위기, 어떻게 하는 것이 좋은가?

철학관으로 중년의 여인이 찾아왔다. 시어머니와의 갈등으로 심각해 보였는데, 이혼으로 마음을 70%는 굳혔다면서도 점괘대로 하겠다는 의지를 보였다. 점자의 책임이 막중한 사안이었다. 필자는 책임을 느끼고 하늘에 답을 구했다. 총 세 번을 물었는데, 먼저 '어떻게 하는 것이 최선인가?'를 물었다.

본괘로 '풍화가인괘 초효, 삼효, 사효, 상효'가 동하여 지괘로 '택지췌괘 이효와 오효'를 얻었다. 네 개의 효가 동했을 때는 지괘의 무변효 중 상효를 보조로 하고, 하효를 위주로 본다. 풍화가인괘는 가정을 다스리는 도를 의미하고, 택지췌괘는 사람들의 마음을 모으는 도를 의미한다.

풍화가인
[본괘]

택지췌
[지괘]

먼저 무변효 중 오효의 효사를 보자. "구오는 모으는 데(모임) 지위가 있어 허물이 없다. 믿음을 얻지 못했다면 크고 길이 바른 도를 지키면 후회가 없다." 이는 바른 마음으로 나아가면 믿지 않던 이들도 지지해 주게 되어 허물이 없다는 말이다. 자신의 위치에서 바르게 행하라고 조언하고 있다.

다음으로 이효의 효사를 보자. "육이는 끌어당기면 길하여 허물이 없으니, 믿음을 가지고 간단한 제사(정성)를 올리는 것이 이롭다." 이는 사람들의 마음을 얻기 위한 비결은 진실한 믿음과 정성에 달려 있다고 조언하는 것이다. 이런 유의 질문에서는 체용 간의 생극을 살필 필요가 없다.

대충 하늘의 뜻을 알겠으나 이대로 조언하기에는 상대의 마음이 편치 않을 것을 알기에 점괘를 다시 뽑았다. 어차피 그녀가 원하는 것은 이혼할 것인가 말 것인가였다.

질문 1 이혼으로 마음을 굳혔습니다. 이혼하면 어떻겠습니까?

'수천수괘 초효와 삼효'를 얻었다. 지괘로 '중수감괘'가 나왔고, 호괘로 '화택규괘'가 나왔다. 초효를 보조로 하고, 삼효를 위주로 본다. 수천수괘는 '기다림'을 상징하는 괘다.

수천수　　　중수감　　　화택규
[본괘]　　　[지괘]　　　[호괘]

　　먼저 초효의 효사를 보자. "초구는 교외에서 기다림이다. 항심을 유지함이 이로우니, 허물이 없다." 그 뜻은 이렇다. 이 효는 때가 오기를 기다리는 상이다. 나아가면 험난하니 함부로 나아가서는 안 된다. 마음을 바르게 하여 항심을 유지해야 이로움을 의미한다. 보면 알겠지만 이혼을 만류하는 모습이다.

　　이번에는 더 무게를 두어야 하는 삼효의 효사를 보자. "구삼은 진흙밭에서 기다림이니, 스스로 도적을 부른다." 이미 그 의미가 드러났으나 뜻은 이렇다. 이 효는 험난한 진흙 속에서 기다리는 형국으로, 스스로 도적(근심, 어려움, 재앙)을 부르는 상이다. 험난함 속에 있으니 매사 삼가고 신중하게 대처해야 화를 부르지 않는다. 이 효를 얻으면 함부로 움직이지 말아야 한다. 쉽게 말해 자신이 능력이 된다고 해서 이혼을 강행한다면 스스로 어렵고 험난한 상황 속으로 들어간다는 말과도 같다.

　　실제로 그 여인은 홀로서기를 할 능력이 되는 이였다. 생극으로 보면 나쁘진 않다. 그러나 여기서는 이미 하늘의 뜻이 드러났으니 체용 간의 생극은 살필 필요가 없다. 대신 괘들의 상을 보자. 먼저 본괘는 수천수로 '기다림'을 의미하고, 지괘는 중수감으로 '험한 고난'을 의미하며, 호괘는 화택규로 '대립과 어긋남'을 의미한다. 역시 나아가면 좋지 않다. 해서 필자는 그녀에게 점괘의 뜻을 전했다.

　　그녀는 자신의 상황에 대해 다시 강조하며 하소연했다. 확실히 하기 위해 한 번 더 뽑았다. 이번에는 결혼생활을 유지하면 어떤지 물었다.

질문 2 이혼하지 않고 결혼생활을 유지하면 앞으로 어떻습니까?

　이번에는 '산천대축괘 초효와 이효, 오효'가 동해서 지괘로 '풍산점
괘'를 얻었다. 세 개의 효가 동하면 본괘와 지괘의 상을 동등하게 보고
판단한다. 다만 지괘로 풍산점괘가 나오면 지괘를 보조로 하고, 본괘를
위주로 판단한다. ('동효의 유무에 따른 괘의 판단 방법(p.41)' 참고)

산천대축　　　풍산점　　　뇌택귀매
[본괘]　　　　[지괘]　　　　[호괘]

월(月) 오행 = 金
일(日) 오행 = 火

　본괘로 산천대축괘를 얻었다. 이 괘가 나오면 지금은 축적하고 기르
는 과정에 있음을 의미하는데, 끝이 반드시 길함을 약속하는 괘다. 마치
용이 하늘로 승천하기 위해 힘을 기르는 과정에 있음을 의미한다. 보조
로 보는 지괘인 풍산점괘는 점진적으로 나아간다는 의미를 지닌다. 종
합하면 크게 쌓는다는 의미인 '대축(大畜)'을 향해 점진적으로 나아감을
의미한다. 길하다.

　그럼 체용 간의 생극을 보자. 상괘, 하괘가 동시에 동할 경우는 무동
일 경우와 마찬가지로 하괘를 체괘로 본다. 용괘인 간토가 체괘인 건금
을 생해 주니 좋다. 상괘와 하괘가 동시에 동했으니 변괘는 둘이 된다.
변괘 하나는 체괘의 극을 받는 손목이고, 하나는 체괘를 생해 주는 간토
라 좋다. 용호괘 역시 체괘의 극을 받는 진목이라 나쁘지 않다. 일(日) 오

행 '화(火)'가 체괘인 건금을 극하나 월(月의) 오행이 체괘와 같은 '금(金)'으로 체괘를 도우니, 체괘가 그런대로 왕성하여 흔들림이 없다. ('괘의 쇠왕(p.54)' 참고)

따라서 체괘를 생해 주는 용괘인 간토의 기수(진, 술, 축, 미, 인)에서 길함이 약속되고, 목(木) 기운(인, 묘)에도 길함이 확실하니, 다가올 축년부터는 집안이 편안해진다고 볼 수 있다.

간토가 체를 생하면 마음과 몸이 안정을 얻는다. 하여 그녀에게 설명하고 그 자리에서 도망치지 않고 극복하는 방법(필자의 유튜브 채널 '관심일법'의 〈관조의 힘과 격물치지〉 참고)에 대해서 논하고 마쳤다.

점풀이 실례 6 집터로 어떤가?

한 지인이 집을 지을 터로 물색해 놓은 부지가 있었는데, 해당 터에 집을 지으면 어떤지 물어왔다. 하여 그 자리에 집을 지으면 어떤지 하늘의 뜻을 물었다.

본괘로 '수산건괘'를 얻고, '초효·삼효·상효' 세 개의 효가 동하여 지괘로 '풍뢰익괘'를 얻었다. 말했듯 세 개의 효가 동하면 본괘와 지괘의 상을 동등하게 보는데, 지괘로 풍뢰익괘가 나왔을 경우는 지괘를 위주로 보고 본괘를 참고한다.

| 수산건 | 풍뢰익 | 화수미제 | |
| [본괘] | [지괘] | [호괘] | [변한 호괘] |

월(月) 오행 = 水
일(日) 오행 = 土

먼저 본괘인 수산건괘는 '고난과 험난'을 의미한다. 일단 본괘로 고난을 의미하는 건괘가 나온 게 마음에 걸린다. 그러나 지괘에 중점을 둬야 하기에 지괘를 보니 '더함과 성함'을 의미하는 익괘라 다행이다. 그 터에서는 정신적으로나 물질적으로 증진될 것을 알 수 있는데, 다만 고난이 있는 터라고 볼 수 있다. 또한 호괘의 상을 보니 '미제(未濟)'로 64괘의 맨 끝에 자리한 괘인데, 미완성으로써 해야 할 일이 있을 것임을 의미하기도 하니 바쁘게 할 일이 있을 것으로 볼 수 있다.

그럼 체용 간의 생극을 보고 그 기일을 판단해 보자. 상괘, 하괘가 동시에 동했으니 체괘는 하괘인 간토가 된다. 체괘인 간토가 용괘인 감수를 극하니 안정을 이룰 수 있는 터라는 것을 알 수 있다. 여기서는 상괘와 하괘가 동시에 동했으므로 변괘가 둘이 되는데, 하필 감수의 생을 받아 변괘 둘(손목과 진목)에서 나란히 체괘를 극하고 있어 흉하다. 좋은 것은 용호괘 리화가 체괘를 생하는 것인데, 비록 수(水) 기운으로부터 극을 받아 힘이 약해지지만 불행 중 다행으로 진목과 손목의 나무 기운을 설기하여 체를 생하니, 그 힘이 작다고만 볼 수는 없다. 또한 힘의 크기로 보았을 때는 변괘가 나중이니 호괘가 극하는 것보다는 낫다고 보며, 일의 오행이 체괘를 도우니 체괘가 왕성하여 극을 받더라도 그런대로 감당할 수 있어 보인다.

종합하면 이 터에 집을 지으면 가주가 뜻을 이룰 수 있어 보이며, 나날이 증진되는 삶을 살 수 있으나 반드시 시련과 고난이 있을 것인데, 능히 그 시련을 감당할 수 있다고 본다. 다만 우려스러운 것은 변괘인 손목과 진목 둘에서 나란히 체를 극하는 것으로 미루어 그 시련이 만만치 않을 것임을 짐작할 수 있다는 점이다.

보니 진목과 손목의 기수인 인(寅)·묘(卯)·진(辰)년에는 흉할 것이 확실하고, 화(火) 운이 오는 사(巳)·오(午)년에는 길할 것이 확실하다. 더하여 진목과 손목을 도우는 수(水) 기운(괘 중에 '감수'가 있으므로)에는 길하다고 보기는 어려우니, 집터로 하려면 잘 숙고하여 결정해야 할 것이다.

질문 1 A 아파트가 언제 팔리겠나?

손님 중 한 분이 자신이 가지고 있는 아파트를 세 놓지 않고 팔려고 생각하고 있는데, 금방 팔릴지 물어왔다. 금방 팔린다면 세를 놓지 않는 게 나을 것 같다며 물은 것이다. 하여 '내놓으면 팔릴 것인지, 팔린다면 언제 팔릴 것인지' 하늘의 뜻을 물어 본괘로 '지택림괘'를 얻고, 세 개의 효가 동했다. 본괘의 삼효, 사효, 오효가 동해서 지괘가 '택천쾌괘'가 되었다. 삼효나 사효가 동하면 변한 호괘가 상괘와 하괘에 모두 나온다고 했다. 호괘는 '지뢰복'이다.

| 지택림 | 택천쾌 | 지뢰복 | | 월(月) 오행 = 水 |
| [본괘] | [지괘] | [호괘] | [변한 호괘] | 일(日) 오행 = 火 |

우선 괘들의 상을 보면 좋다. 림괘와 복괘의 상이 좋고, 쾌괘의 상도 나쁘지 않으나 이것만으로는 알기 어려우므로 체용 간의 생극을 살펴보자. 상괘와 하괘가 모두 동했으므로 체괘는 본괘의 하괘 태금이 된다. 용괘 곤토와 용호괘 곤토가 모두 체괘 태금을 생하고 있어 좋다. 나머지 두 변괘(본괘의 상·하괘가 동시에 동하면 변괘가 둘이 된다.)와 변한 호괘는 모두 건금과 태금이라 체괘와 같은 오행이니 배제한다. 체호괘인 진

목은 체괘 태금의 극을 받으니 역시 좋다. 여기서 일의 오행이 '화(火)'라 체괘 태금을 극하지만, 괘들 중에 체를 극하는 괘는 없고 모두 체괘를 생해 주니 상관없다. 또한 '길한가'를 물었을 때, 체를 극하는 괘가 없으면 반드시 길하다고 하였다.

그럼 팔리는 기일은 언제인지 보자. 역수법 기본 원칙에 따라 용괘 곤토의 기수(팔괘와 오행의 기수)에서 얻는다고 보면 되므로 진(辰)·술(戌)·축(丑)·미(未)·신(申)년월일이 된다. 연으로 따지면 가장 가까운 연도가 축년인데 너무 멀다. 괘들의 상이 좋고 체를 생하는 뜻이 많으므로 빠른 시일 내에 팔린다고 본다. 하여 지금이 12월이므로 내년에는 팔릴 것으로 보는 게 합당하다. 그럼 저 중에서 어느 월에 팔릴 것인가? 참고로 곤토의 기수는 8년, 8개월, 8일 후가 되기도 한다고 했었다. 지금부터 8개월 후면 마침 신(申)월이다. 곤토의 기수인 신(申)과 일치한다. 신월은 양력으로 따지면 대략 입추 절기부터 시작되는 8월에 해당한다. 따라서 내년 미(未)·신(申)월에 팔릴 확률이 80%요, 나머지 축월(1월)은 20% 정도로 보고, 진월(4월)에 팔릴 확률이 30%라고 본다. 종합하면 신월인 내년 9월 6일까지는 팔린다고 보면 틀림없다.

그런데 만일 점자가 좀 더 확실히 하기 위해 신월이 내년 신월인지 알아보는 것도 상관없다. 중요한 것은 정확한 해석이다. 공부 차원에서 하나의 질문을 더 올린다.

질문 2 A 아파트가 내년에 팔린다고 보면 맞습니까?

점을 해서 여섯 효가 모두 길하다는 '지산겸괘 초효와 오효'를 얻었다 (초효, 오효 동). 오효를 위주로 보니 둘 다 길하다. (2 주역점 응용 '15 지산겸(p.154)' 참고) 이런 질문은 체용 간의 생극을 볼 필요가 없다. 그냥 효사만으로 해석이 가능하다. 점검하는* 질문에서 확실히 알았으니 더 물을 필요도 없다. 그 아파트는 내년 7, 8월에 무조건 팔린다. 필자는 그렇게 답했으나 확신이 서지 않거든 8월까지라고 보면 무방할 것이다.

점풀이 실례 7　A 물건을 낙찰받을 수 있는가?

이번 건은 철학관으로 방문할 시간적 여유가 안 돼 전화상으로 질문을 해 온 경우다. 주역점은 전화상으로도 가능하다. 생년월일도 필요 없고, 상대의 아무런 정보도 필요 없다. 이름조차 몰라도 상관없으나 점치는 데 필요하다 여긴다면 물어도 좋다.

김 모 씨는 부동산 경매를 낙찰받기 위해 차순위로 대기하는 중이었다. 이미 1순위로 낙찰받은 이가 있었지만 그가 잔금을 치르지 못하면 다음 순위인 김 모 씨에게로 넘어오게 된다. 그런데 김 모 씨는 처음에 그런 얘기는 없이 지금 기다리고 있는 A 물건이 있는데 자신이 낙찰받을 수 있는지만 물어왔다. 물건의 크기는 40억대였다. 하여 하늘의 뜻을 물었다.

질문 1 김 모 씨가 기다리는 A 물건을 낙찰받을 수 있겠습니까?
'중산간괘 4효가 동'해서 지괘로 '화산여괘'를 얻고, 호괘로 '뇌수해괘'가 나왔다. 간괘의 상은 '멈춤'이다. 그러나 '마침'의 의미도 있다.

---

* '점검한다'는 것은 해석을 명확하게 하기 위한 점점이지 의심하는 것이 아니다. 같은 문제를 두고 다른 관점에서 질문하는 것은 괜찮다고 했다. 다만 겸허한 자세로 질문하라.

월(月) 오행 = 水
일(日) 수행 = 金

중산간(4효 동)　화산여　뇌수해
[본괘]　　　　　[지괘]　　[호괘]　　[변한 호괘]

　먼저 중산간괘 4효의 효사를 보자.

　"육사는 그 몸에 멈춤이니, 허물이 없다." 그 뜻은 이렇다. 이 효는
그 몸에서 멈추는 것으로, 그칠 만할 때 그치니 허물은 없는 점이다. 다
만 그 몸에서 그칠 뿐이다. 점을 해서 이런 효가 나오면 일의 성패는
미정이다. "그 몸에서 멈춤으로 허물이 없다." 하였으니 60~70%는
긍정의 의미로 보면 된다. 이럴 때 중요한 것은 체용 간의 생극이다.
4효가 동했으니 하괘 간토가 체괘가 된다. 용괘는 체괘와 비화하니 배
제하고, 용괘가 변해서 리화가 되어 체괘를 생해 주니 좋다. 변괘가 체
를 생하면 일이 끝에 가서 길하다고 본다. 물론 전체적인 생극을 살펴
야 한다.

　용호괘 진목이 체호괘 감수의 생을 받아 체괘를 극하고 있다. 용호
괘 진목이 변해서 태금이 되고 체호괘 감수가 변해서 손목이 되지만,
길흉의 변화는 거의 없다. 용호괘 진목의 기운이 세다. 마침 일(日)의
오행이 '금(金)'이라 체를 극하는 진목을 극하니, 그 흉이 반감된다.

　변한 호괘의 손목 역시 극을 당하게 된다. 그런데 하필 체를 생하는
리화를 월(月)의 오행인 '수(水)'가 극하니, 역시 생하는 힘이 반감된
다. 변괘가 생하니 끝이 좋은데, 호괘의 힘이 더 크니 무시할 수 없다.
더구나 체를 생하고 극하는 괘 둘 모두 극을 받아서 힘이 크다고 보
긴 어렵다. 이런 경우가 가장 애매하다. 이럴 때 중요한 포인트가 있

는데, 바로 리화가 체를 극하는 진목의 생을 받아 체를 생한다는 것이다. 다시 말해 체를 극하는 진목의 기운을 설기해 체를 도우니 길하다고 보는 것이 맞다. 더구나 일의 숨은 의미를 내포한 호괘의 상이 뇌수해로 '근심을 푼다(해결)'는 의미를 지녔으니, 그의 근심은 눈 녹듯이 사라질 것이다. 그러나 이런 경우와 같이 생하고 극함이 동시에 있는 경우, 즉 체를 극하는 괘(진목)가 일의 극을 받아 힘이 크지는 않지만 감수의 생을 받는 상황에서 다행히 변괘 리화가 진목의 기운을 설기하여 체괘 간토를 생해 주니 바라는 대로 얻을 것(리화가 체를 생할 경우 문서에 의한 기쁨이 있다.)이지만 그 과정에는 우여곡절이 있을 것으로 보인다.

그럼 그 시기가 언제인지 보자. 리화의 기수에서 얻는 기일을 논하는 것이니 사(巳)·오(午)년월일이 된다. 당연히 연이나 일은 아닐 테니 월이라는 말이 되는데, 점을 칠 당시는 자(子)월(12월)이었으니 사(巳)·오(午)월까지는 5개월에서 6개월이 남았다는 말이 된다. 그러나 너무 멀다. 그럼 리화의 다른 기수(3일, 3개월, 3년)인 3개월 후가 된다는 것이 가장 유력하다. 해서 정확히 하기 위해 "저는 김 모 씨가 낙찰받을 수 있으며, 그 기한을 3개월 후로 봤습니다. 맞습니까?"라고 물었다. 답으로 '수화기제괘 무동'을 얻었다. 기제는 '성취와 완성'을 의미한다. 3개월 후가 분명하다.

하여 김 모 씨에게 3개월 후에 낙찰받을 수 있다고 전했다. 그러자 김 모 씨는 낙찰받을 수 있는 기한과 일치한다면서 놀라는 눈치였다. 그제야 그는 자신이 차순위자라는 것과 이미 낙찰을 받은 이가 있으나 상대가 잔금을 치르지 못하면 자신에게로 권리가 넘어오게 된다는 것 등의 일을 상세히 말해 주었다.

효사와 생극의 내용이 상충할 경우의 예(1)

일반적으로 효사만 살피고 생극의 내용은 참고하지 않아도 되는 경우가 있지만, 여기 소개하는 예와 같은 경우는 함께 살펴야 한다. 점을 판단할 때는 효사를 가장 중요하게 여기므로 효사는 길한데 체용 간의 생극의 결과는 그렇지 못할 경우에 대해서 소개한다.

질문 1 A 기업에 저희 회사 제품을 납품하려고 하는데 가능하겠습니까?

점을 해서 '초효가 동한 지뢰복괘'를 얻었다. 지괘는 '중지곤괘'가 나왔고, 호괘 역시 '중지곤괘'다.

			월(月) 오행 = 水
			일(日) 오행 = 水
지뢰복	중지곤	중지곤	
[본괘]	[지괘]	[호괘]	

복괘 초효의 효사를 보자. "초구(初九)는 멀리 가지 않고 회복함이니, 후회에 이르지 않아 크게 길하다." 그 뜻은 이렇다. 이 효는 멀리 벗어나기 전에 자신을 돌아보고 다시 바른길로 회복하는 상이다. 후회에 이르지 않으니 크게 길하다. 정도(正道)를 걷는다면 만사에 길하다. 효사를 보면 매우 길함을 알 수 있다.

효사대로라면 무조건 납품이 가능하다고 보인다. 하지만 이런 경우는 반드시 체용 간의 생극의 이치를 살펴야 한다. 괘를 보면 용괘를 제외한 모든 괘가 곤토로 체괘와 비화한다. 길도, 흉도 아닌 것이다. 그런데 용괘가 진목으로 체괘인 곤토를 극하고 있다. 용괘 진목을 제지할 '금(금(金)극목(木))'도 없고, 진목의 기운을 설기해서 체괘를 생할 리화도 없다. 월과 일의 오행은 괘들의 쇠왕을 살피는 경우에나 쓰는 것인데, 모두 '수(水)'로 별 상관이 없다. 이런 경우는 성사되기 어렵다고 보는 것이 맞다. 단, 그 이유는 기획안이라든가 이력이라든가 이런 유의 문제들로 어렵다고 보면 합당한데, 효사가 길하므로 반드시 거래처를 찾게 될 것임을 넘겨다볼 수 있다. 실제로 성사되지 않았다. (효사가 길한 것은 제품이 괜찮다는 것으로 보면 된다.)

점풀이 실례 9   효사와 생극의 내용이 상충할 경우의 예(2)

이 모 씨가 책을 출간하려고 출판사를 알아보는데, 자신이 꼭 계약하고 싶어 하는 출판사가 있어 그곳에서 출간이 가능한지를 물어왔다. 그는 원고를 투고하고 기다리는 중이었다.

질문 1 A 출판사에서 이 모 씨의 책 출간이 가능하겠습니까?
'지산겸괘 오효(오효 동)'를 얻었다. 지괘로는 '수산건괘'를 얻었고, 호괘로는 '뇌수해'를, 변한 호괘로는 상괘에 '리화'를 얻었다. 오효가 동했으므로 변한 호괘의 하괘는 체호괘인 감수와 같으므로 취하지 않는다.

월(月) 오행 = 水
일(日) 오행 = 水

지산겸	수산건	뇌수해	
[본괘]	[지괘]	[호괘]	[변한 호괘]

겸괘 오효의 효사를 보자.

"육오(六五)는 부유하지 아니하고 이웃과 함께하나 (복종하지 않는 자는) 정벌함이 이로우니 이롭지 않음이 없다." 그 뜻은 이렇다. 이 효는 겸손함으로 많은 이들의 마음을 얻으나, 불복하는 자가 있으면 무력(위엄)으로써 복종시킬지라도 이롭지 않음이 없는 점이다. 이는 평화를 위한 것이다. 일단 효사가 길하다.

그럼 체용 간 생극의 이치를 살펴보자. 용괘가 곤토로 체괘 간토와 비화하고, 변괘와 체호괘가 감수로 체의 극을 받으니 나쁘지 않다. 그런데 용호괘가 진목으로 왕성한 감수(월과 일이 모두 '수(水)'다.)의 생을 받아 체괘인 간토를 극하고 있다. 진목을 제어할 '금(金)' 기운도 보이지 않고, 그나마 변한 호괘가 리화로 진목의 기운을 덜어 체를 생한다고는 하지만 감수가 둘인 데다 월과 일의 오행마저 '수(水)' 기운으로 거의 있으나 마나 한 존재가 되었다.

이런 경우는 어렵다고 보는 것이 맞다. 그는 아직 지명도가 있는 저자가 아니었고, 상대적으로 그가 희망하는 출판사는 대형 출판사였다. 다만 효사가 길하므로 책의 내용이 좋은 것을 알 수 있고, 그렇기에 반드시 그의 원고가 빛을 보는 날이 올 것이다.

점풀이 실례 10 효사와 생극의 내용이 상충할 경우의 예(3)

질문 1 최 모 씨가 A 기업에 구직이 가능하겠습니까?

점을 해서 '천지비괘 오효(오효 동)'를 얻었다. 지괘로는 '화지진괘'를 얻었고, 호괘로 '풍산점괘'를 얻었다. 지괘와 호괘의 상이 좋다.

월(月) 오행 = 水
일(日) 오행 = 水

천지비	화지진	풍산점	
[본괘]	[지괘]	[호괘]	[변한 호괘]

그럼 비괘 오효의 효사를 보자. "구오(九五)는 정체(막힘)를 그치게 하니, 대인의 길함이다. 망할까 망할까 염려해야 뽕나무에 묶어 놓은 듯 견고할 것이다." 그 뜻은 이렇다. 이 효는 대인이 정체의 때를 그치게 하는 길한 점이다. 길운이 다가오는 것이다. 다만 정체의 때가 다시 돌아오지 않을까를 늘 경계해야 한다. 경계의 의미를 두었으나 길한 점이다. 이제까지의 정체가 풀리는 것을 의미한다. 일단 효사가 좋다.

체용 간의 생극은 어떤가? 체괘 곤토가 용괘 건금을 생하므로 힘이 빠져 나쁘고, 용호괘 손목이 체괘 곤토를 극하여 좋지 않은 모습이다. 비록 변괘 리화가 체를 극하는 용호괘 손목의 기운을 덜어 체를 생한다고 하지만, 월과 일의 오행이 전부 '수(水)'로, 리화의 불을 끄고 있다.

이런 경우는 어렵다고 봐야 한다. 실제로 되지 않았다. 다만 효사가 길하니 스스로를 다잡아 노력하면 머잖아 자신을 알아주는 회사를 만나게 되리라 본다.

2

주역점 응용

인간의 역사는 점(占)의 역사와도 같다. 또한 점의 역사는 역(易)의 역사와도 같다. 바로 신탁(神託)의 역사다. 하늘의 뜻을 묻는 작업, 주역점. 구하면 얻을 것이고, 따르면 평안할 것이다.

• 점괘를 뽑았을 때 소성괘인 상괘와 하괘를 합해 얻은 대성괘(64괘)를 아래에서 찾아 해당 괘의 페이지를 참고한다.

01 중천건	02 중지곤	03 수뢰준	04 산수몽	05 수천수	06 천수송	07 지수사	08 수지비
p.104	p.108	p.112	p.116	p.119	p.122	p.126	p.130

09 풍천소축	10 천택리	11 지천태	12 천지비	13 천화동인	14 화천대유	15 지산겸	16 뇌지예
p.133	p.137	p.141	p.144	p.147	p.151	p.154	p.157

17 택뢰수	18 산풍고	19 지택림	20 풍지관	21 화뢰서합	22 산화비	23 산지박	24 지뢰복
p.160	p.164	p.167	p.170	p.174	p.177	p.180	p.183

25 천뢰무망	26 산천대축	27 산뢰이	28 택풍대과	29 중수감	30 중화리	31 택산함	32 뇌풍항
p.186	p.189	p.192	p.195	p.198	p.202	p.206	p.209

33 천산둔	34 뇌천대장	35 화지진	36 지화명이	37 풍화가인	38 화택규	39 수산건	40 뇌수해
p.212	p.215	p.218	p.221	p.225	p.228	p.231	p.234
41 산택손	42 풍뢰익	43 택천쾌	44 천풍구	45 택지췌	46 지풍승	47 택수곤	48 수풍정
p.237	p.241	p.245	p.249	p.252	p.255	p.258	p.262
49 택화혁	50 화풍정	51 중뢰진	52 중산간	53 풍산점	54 뇌택귀매	55 뇌화풍	56 화산여
p.265	p.268	p.272	p.276	p.279	p.282	p.286	p.290
57 중풍손	58 중택태	59 풍수환	60 수택절	61 풍택중부	62 뇌산소과	63 수화기제	64 화수미제
p.293	p.296	p.299	p.302	p.305	p.308	p.311	p.314

64괘사(384효사) 해석
(점 해석의 기본 자료)

'주역점 응용' 편에서는 주역점을 치는 데 꼭 필요한 괘상, 괘사 및 효사를 풀이한 내용을 실었다. 동효(動爻)가 없을 경우는 괘상과 괘사만 참고하면 되고, 효가 동(動)한 경우는 해당 효사의 내용을 참고하여 풀이에 응용하면 된다.

괘는 총 64괘가 있고, 효사는 해당 괘마다 여섯 개씩 있으니 총 384효가 된다. 여기에 건(乾)괘와 곤(坤)괘의 용구효사(점괘가 건괘 무동일 경우에 본다.)와 용육효사(점괘가 곤괘 무동일 경우에 본다.)를 더하면 총 386효가 된다. (양효는 '구(九)'를 쓰고, 음효는 '육(六)'을 쓴다고 언급했었다.)

필자는 특정한 상에 독자들이 갇힐 것을 우려하여 효사들마다 세세한 예를 열거하지는 않았다. 하나의 효사가 여러 가지 경우의 수를 내포하고 있어 다른 질문에서 혹여 같은 점괘가 나온다고 해도 점자(占者)가 응용하는 방법에 따라 다르게 적용(해석)이 가능한 것이니, 직관적으로 파악이 가능하리라 본다. 만일 금방 이해가 안 될 때는 숙고해 보라. 자신이 처한 상황과 해당 괘와 효사가 의미하는 바가 무엇인지 그 연결 고리를 찾아내는 것이 점을 잘 치는 비결이다.

무엇이든 많이 해 보면 해 볼수록 늘고 실력이 붙게 마련이다. 늘 관조(觀照)의 발판 위에서 점괘를 뽑고 해석해야 함을 잊지 말라. 불가의 화두수행도 결국 관조의 발판에서 행해지는 것이다. 생각이 아니라 관조다. 점괘가 쉽게 혹은 완전하게 이해가 안 될 때는 화두를 든다는 마음으로 접근해 보라. 반드시 이해하여 적용하게 될 것이다. 처음 접하는 이들은 이 내용을 일독하기 바란다.

01 중천건(重天乾)

건괘의 상

키워드 강건함, 발전, 우주가 쉼 없이 운행함.

괘사(卦辭)

"건은 시작이며 성장이고 완성이라 크게 형통하니, 바르면 이롭다."

풀이

점을 해서 건(乾)괘가 나오면 강건하니 좋다는 뜻이며, 바르게 하면 이롭다는 뜻이다. 즉, 자신의 뜻을 이루기 위해 바르고 성실하게 노력한다면 형통하여 크게 길할 것을 의미한다. 건괘는 마치 용이 승천하는 것과 같이 크게 형통한 괘이다. 단, 바르게 해야 이롭다.

초효(初爻)*

효사

"초구(初九)는 잠긴 용이니, 쓰지 말라."

풀이

수신(修身)하면서 때를 기다려야 되는 상이다. 이는 아직 때가 아니니 세상에 나아가지 말아야 한다는 뜻이다. (쉽게 말해 효사를 보면 용이

---

* 초효가 동했을 때 본다.

물속에 잠겨 있어 아직 쓰일 때가 안 됐음을 의미하고 있다. 다른 효사들도 이렇게 의미를 파악하면 될 것이다.)

이효(二爻)

효사

"구이(九二)는 드러난 용이 밭에 있으니, 대인(大人)을 봄이 이롭다."

풀이

자신의 능력과 포부를 세상에 크게 펼치는 때를 만난 상이다. 세상에 나아갈(출세) 준비를 마친 것이다. 용이 밖으로 나온 것이니, 자신의 능력을 알아주는 사람(구오)을 만나는 것이 이로움을 의미한다.

삼효(三爻)

효사

"구삼(九三)은 군자가 종일토록 그침 없이 힘쓰고 반성하고 삼가면, 위태롭더라도 허물은 없다."

풀이

반드시 정도(正道)를 지켜 해야 할 일을 행하고, 매순간 자신을 돌아보며 반성하는 자세로 나아가면 위태한 일이 있을지라도 탈이 없음을 말하고 있다. 항상 조심하고 삼가는 자세로 굳건히 나아가야 함을 의미한다.

사효(四爻)

효사

"구사(九四)는 혹 뛰어올랐다가 못에 있어도 허물이 없다."

용이 연못에서 하늘로 승천할 수 있는지 한번 뛰어올라보는 상이다. 이는 사람이 등용되기 전에 시험을 보는 경우에 해당한다. 자기 능력을 측정하는 것과도 같다. 때를 잘 살펴 나아가고 물러나면 허물이 없다고 했으니, 점을 해서 이 효를 얻었을 때는 일의 성패를 가늠하기는 어렵다.

오효(五爻)

효사

"구오(九五)는 날아오른 용이 하늘에 있으니, 대인을 봄이 이롭다."

풀이

드디어 용이 승천하여 조화를 부리는 격으로, 조직의 수장이 되는 상이다. 잘 다스려 나가기 위해서는 보필할 사람이 있어야 하니, 아래의 대인(구이)을 봄이 이롭다고 한 것이다.

상효(上爻)

효사

"상구(上九)는 지나치게 올라간 용이니, 후회가 있다."

풀이

지나침이 있어 후회가 있는 점이다. 즉, 상구는 어떤 일을 행해도 후회가 있는 위치다.

용구(用九)*

효사

"용구(用九)는 여러 용을 보되 우두머리가 되지 않으면 길하다."

우두머리가 되려 하지 않으면 길하다는 것이니, 잘난 척하며 앞서지 말고 자존심을 버리고 자신을 낮추면 길하다. 앞서지 않아도 충분히 이끌 수가 있으니, 이 효는 그 이치를 말하고 있다.

---

* 점괘가 '건괘 무동(無動)'일 경우에 본다.

02 중지곤(重地坤)

곤괘의 상

키워드 순응함, 유순함, 광활한 대지

괘사(卦辭)

"곤은 크게 형통하니 암말의 바름이 이롭다. 군자는 갈 바가 있을진 대 앞서면 혼미하고 뒤이어 따르면 얻으니 이롭다. 서남쪽(음(陰) → 후 미, 따름)은 동류를 얻고, 동북쪽(양(陽) → 머리, 앞섬)은 동류를 잃으니 편 안하고 바르게 함이 길하다."

풀이

점을 해서 '곤(坤)괘'를 얻으면 암말과 같이 유순한 덕으로서 앞서지 않으며(순종의 미덕), 인내를 가지고 조력하는 마음으로 한결같이 나아 가면 성공에 이르게 됨을 말하고 있다. 곤괘는 보좌하는 조력자의 모습 으로 뒤에서 따르면 길하다. 마치 신하가 임금을 섬기고, 아내가 남편을 섬기듯 조력하는 것이니, 자기 위치에서 충실히 자기 책임을 이행하는 괘다. 이 괘는 유순한 자세로 자신의 본분을 다함으로써 많은 사람들이 기쁨을 얻게 되는 상이 있다.

초효(初爻)

효사

"초육(初六)은 서리를 밟으니, 굳은 얼음에 이른다."

서리(음(陰))가 처음 생겨 굳은 얼음에 이르는 상이다. 이는 어떤 일의 시작부터 신중해야 함을 의미한다. 이는 잘못된 출발을 암시하는 것으로, 고치기 어려운 것(병)으로 성장할 염려가 있는 점이다.

이효(二爻)

"육이(六二)는 곧고 방정하며 크니, 익히지 않아도 이롭지 않음이 없다."

중정(中正)*을 이루어 익히지(학습하지) 않아도 이롭지 않음이 없는 상이다. 무엇이든 알아서 잘 해 나가는 것이니, 하는 일이 저절로 잘 풀리는 것과도 같음을 의미한다.

삼효(三爻)

"육삼(六三)은 안으로 아름다운 마음을 머금어 바름을 지킬 수 있으니, 혹 왕의 일에 종사하면 이룸은 없더라도 끝마침이 있어야 한다."

"안으로 아름다운 마음을 머금어 바름을 지킬 수 있는 자"는 칭찬하

---

* 중정(中正) : 초효·삼효·오효는 양효의 자리이고, 이효·사효·상효는 음효의 자리다. 따라서 양효가 양(陽)의 자리에 오고, 음효가 음(陰)의 자리에 오면 바르게 자리했다는 뜻에서 '정위(正位)'라고 한다. 또 하괘의 가운데 위치한 이효와 상괘의 가운데 위치한 오효를 '중(中)을 이루었다'고 한다. 여기 곤괘의 육이처럼 음효가 음의 자리에 오고, 하괘의 가운데인 이효에 위치한 것을 가리켜 '중정(中正)을 얻었다'고 하는 것이다.

는 것이다. 그리고 "혹 왕의 일에 종사하더라도 끝마침이 있어야 한다."
는 것은 조언하는 것이다. 이 효를 얻은 이는 왕의 일에 종사할 수 있는
능력과 덕이 있는 자이니, 왕의 일에 종사하더라도 맡은 일에 있어 겸손
의 도리를 지켜 유종의 미를 거둘 것을 조언하고 있다.

사효(四爻)

효사

"육사(六四)는 주머니의 입구를 묶으면 허물이 없고 영예도 없다."

풀이

자신의 주머니를 묶는 상이니 말을 삼가고, 지혜도 재능도 감추고 드
러내지 말라는 말이다. 이는 아직은 움직일 때가 아니라는 것이다. 따라
서 신중하게 행동하면 허물 될 게 없으니, 매사에 신중하고 삼가야 한다.

오효(五爻)

효사

"육오(六五)는 누런 치마라면 크게 길하다."

풀이

스스로를 낮추고 자신의 본분을 지키면 크게 길한 점이다. 나라의 중추
를 담당하는 신하라 할지라도, 자신의 위치를 지켜 신하로서의 도를 잃지
않아야 길하다는 것이다. 곤괘 오효는 곤괘의 덕을 잘 드러내 주고 있다.

상효(上爻)

효사

"상육(上六)은 용이 들에서 싸우니 그 피가 검고 누렇다."

풀이

서로 대적하고 다투는 상으로, 서로가 상하여 피를 흘리게 되니 승자 도 패자도 없는 싸움의 상이다.

용육(用六)[*]

효사

"용육(用六)은 길이 바르게 함(정도(正道))이 이롭다."

풀이

길이 바르면 이로운 상이다. 바른 도를 길이 지키면 매우 좋은 결과 가 있는 점이다. 그러니 바른길을 굳게 지켜 마지막까지 유종의 미를 거 두는 것이 이로움을 의미한다.

---

* 점괘가 '곤괘 무동'일 경우에 본다.

03 수뢰준(水雷屯)

준괘의 상

키워드 혼란의 시기, 시작하는 단계. 4대 난괘(難卦) 중 하나

괘사(卦辭)

"준(屯)은 크게 형통하고 바르게 함이 이로우니, 함부로 나아가지 말고 제후를 세우는 것(준비, 노력, 대리인)이 이롭다."

풀이

'준(屯)괘'를 얻으면 이제 막 시작하는 혼란의 단계에 해당하니, 어려움을 알고 바르게 하면 형통함에 이를 것이라고 보면 된다. 즉, 이 운은 새싹이 지면을 뚫고 처음 막 올라오는 것과 같은 혼란의 운이다. 그러나 고난은 있어도 앞날이 밝다. 준괘는 혼란 속에 있기 때문에 바르게 해야 형통함의 길이 있다.

초효(初爻)

효사

"초구(初九)는 주저하는 모습이니, 바름에 거하는 것이 이롭고 제후를 세우는 것이 이롭다."

풀이

험함(감수)*이 가로놓여 쉬이 앞으로 나아가지 못하고 주저하며 머뭇

---

* 하괘 '진목'이 위로 나아가려 하는데 상괘 '감수(坎 : 구덩이 감)'가 버티고 있으니 험한 형국이다.

거리는 상이다. 그러나 능력이 없는 게 아니니 다만 바르게 하라 하였다. 제후를 세우는 것이 이롭다는 것은 말 그대로 보필할 자를 세우는 것이 이롭다는 뜻과 자신을 낮추는 겸손의 덕(준비, 노력)을 세우라는 뜻도 된다.

이효(二爻)

> **효사**

"육이(六二)는 나아가기 어려우며 말을 탔다가 내리니, 도적이 아니면 청혼해 온다. 여자가 곧아서 (초구에게) 시집가지 않다가 10년 만에야 바른 짝(구오)에게 시집을 간다."

> **풀이**

목적을 이루는 데 (장애가 있어) 시간이 지체되나, 바름을 굳게 지켜 지조를 바꾸지 않고서 10년이 지나면(때가 되면, 일이 무르익으면) 반드시 통하게 되니, 원하는 바를 결국 이루는 상이다. 이는 어려워도 지조 있게 묵묵히 노력하면 이룬다는 말이다. 이는 하고자 하는 일을 10*일 후, 열 달 후, 10년 후면 이룰 수 있다. 뜻하는 바가 결실을 맺는 것이다. 그때가 되면 새로운 사람, 새로운(원하는) 자리, 원하는 결과가 나타난다. 이것이 밑에 있는 초효를 뒤로하고 위에 있는 오효를 향하는 것이다. 여기서는 간간이 짝이 되는 효들을 대입해서 이해를 돕고 있다.

삼효(三爻)

> **효사**

"육삼(六三)은 사슴을 쫓는데 안내자가 없어 길을 잃고 깊숙이 들어간

---

* 숫자 '10'은 통한다, 수의 끝, 준비를 마친다는 의미가 있다. (숫자 '10'은 때가 무르익음을 상징한다.)

다. 군자는 기미를 알아 그만두니, 가면 인색해지기(부끄럽다.) 때문이다."

풀이

제자리에 그쳐야 하는데, 의욕(욕심)만 앞세워 성급하게 나가니 뜻을 이루지 못하고 어려움에 빠지는 것을 경계하는 상이다. 이 효를 얻으면, 전진하면 불리하니 욕심을 자제하고 중단함이 좋다.

사효(四爻)

효사

"육사(六四)는 말을 탔다가 내리는 것이니, 혼인을(초구) 구하여 가면 길하여 이롭지 않음이 없다."

풀이

혼자 나아가기보다는 자신과 함께할 상대(배우자, 동업자)를 구하면 길하고 이롭게 되는 점이다. 이 효를 얻으면 상대*를 구하여 나아가는 것이 현명하다. 함께할 상대를 구할 수 있는 점이다.

오효(五爻)

효사

"구오(九五)는 은택이 베풀어지기 어려우니 조금씩(점차로) 나아가면 길하고, 크게(성급하게) 고집하면 흉하다."

풀이

비유하면, 왕의 은덕이 백성들에게 널리 미치지 못해서 뜻대로 정치

---

* '상대'란, 누군가 될 수도 있지만 경우에 따라서는 보이지 않는 내면의 신이 될 수도 있음이다. 읽다 보면 알겠지만 주역에서 언급하는 것들은 항상 눈에 보이고 만져지는 대상만을 가리키는 게 아님을 알아두자.

하기가 어려운 상이다. 준괘는 '혼란, 시작'을 의미하니 조금씩 점차로 기반을 다져 나가야 하는 것이다. 그러니 일에 있어서도 점진적으로 꾀해야 한다. 자신의 능력만 믿고 무리하지 말아야 하니 멀리 내다보고 천천히, 점진적으로 나아가야 하는 점이다. 그렇게 하면 길하다.

상효(上爻)

효사

"상육(上六)은 말을 탔다가 내려서 피눈물을 흘린다."

풀이

안정을 이루지 못하고 나아가지도 못하는 상이다. 이 효를 얻으면 각별히 신경 써야 한다.

04 산수몽(山水蒙)

몽괘의 상

키워드 몽매함, 계몽

괘사(卦辭)

"몽(蒙, 어리석음)은 형통할 수 있으니, 내가 동몽(童蒙, 어리석은 아이)에게 구하는 것이 아니라 동몽이 나에게 구하는 것이다. 처음 물으면 알려 주되 두 번, 세 번 물으면 모독하는 것이라 알려 주지 않으니 바르게 함이 이롭다."

풀이

'몽(蒙)괘'를 얻으면 몽매함을, 혹은 안개처럼 분명치 못하고 뿌연 상태를 의미한다. '몽(蒙)'은 '몽매하다, 어리석다'는 뜻이다. 몽은 교육을 의미하는 괘로서 어린아이의 어리석음이나 답답함을 의미한다. 마치 안개 속을 헤매는 형국이지만 계몽의 의미가 있고, 교육을 받아 성장한다는 의미도 있으니 전도는 유망하다. 아이의 장래나 시작하는 기업의 전망을 점쳤을 때 이 괘를 얻으면 길하다. 또한 몽괘는 점을 치는 자세를 언급한 괘이기도 하다.

초효(初爻)

효사

"초육(初六)은 몽매를 일깨우되 형벌을 주고 질곡을 벗겨 주는 것이 이로우나, 지나치면 인색해진다."

교육을 시켜 어리석음을 깨우치는 상이다. 과하지 않게 행해야 이로움을 의미한다.

이효(二爻)

"구이(九二)는 몽매함을 포용해 주면 길하고 아내를 받아들이면 길하니, 자식이 집안을 다스린다."

부모(육오) 대신 자식(구이)이 집안을 다스리는 상이다. 구이는 계몽을 위해 어리석음을 포용하면 길하고, 자신의 부족한 부분을 채워 줄 이를 받아들이면 길하니, 어리석음을 깨우치는 공을 주도할 수 있어 집안을 잘 다스리게 되는 것이다. 길한 점이다.

삼효(三爻)

"육삼(六三)은 이런 여자는 취하지 말아야 한다. 돈 많은 남자를 보고자기 몸을 지키지 못하니, 이로운 바가 없다."

상대가 있음에도 자신을 지키지 못하고 돈 많은 이를 쫓아가는 격이다. 행실이 부정하니 이로운 바가 없는 점이다. 이는 정도(正道)를 벗어나니 흉하다는 말이다.

사효(四爻)

"육사(六四)는 몽매함 때문에 곤란하니 부끄럽다."

현자의 도움도 없고 스스로 어리석음을 깨우칠 수도 없어 어리석음으로 곤란을 겪는 격이니, 매우 부끄러운 일이다. 이 효를 얻으면 철저히 자신을 돌아보라.

오효(五爻)

"육오(六五)는 어리석은 아이(동몽)이니, 길하다."

순종하여 겸손하기 때문에 길하다고 말하고 있다. 군주의 지위*에서 자신을 낮추어 재능을 가진 사람(구이)의 도움을 받아 세상의 어리석음을 다스리는 상이다. 길한 점이다.

상효(上爻)

"상구(上九)는 몽매함을 쳐서 일깨워 주는 것이니, 도적이 되는 것은 이롭지 않고 도적을 막는 것이 이롭다."

어리석음을 쳐서 일깨워 주는 것이니, 힘으로서가 아니라 바른 도로서 하여 도적을 막는 것이 이로움을 말하고 있다.

---

* 오효(五爻)는 위치상 군주의 지위에 해당한다.

05 수천수 (水天需)

수괘의 상

키워드 기다림의 시기

괘사(卦辭)

"수(需, 기다림)는 믿음이 있어 빛나고 형통하며 바르게 해서 길하니, 큰 강을 건넘이 이롭다."

> **풀이**
>
> 점을 해서 '수(需)괘'를 얻으면 때가 오기를 기다리라는 뜻으로 보면 된다. 수는 '기다림'의 뜻이다. 때를 기다려 일을 도모하면 형통함을 내포한다. 그러나 아직은 때가 아니니 때를 기다려 움직이는 지혜가 필요한 점이다.

초효(初爻)

효사

"초구(初九)는 교외에서 기다림이다. 항심을 유지함이 이로우니 허물이 없다."

> **풀이**
>
> 때가 오기를 기다리는 상이다. 나아가면 험난하니 함부로 나아가선 안 된다. 마음을 바르게 하여 항심을 유지해야 이로움을 의미한다.

이효(二爻)

> 효사

"구이(九二)는 모래밭에서 기다림이다. 구설이 조금 있지만 결국 길하다."

> 풀이

여유로운 마음으로 기다리면 구설은 조금 있지만 길한 운을 만나는 상이니, 결국 길하게 된다.

삼효(三爻)

> 효사

"구삼(九三)은 진흙밭에서 기다림이니, 스스로 도적을 부른다."

> 풀이

험난한 진흙 속에서 기다리는 형국으로, 스스로 도적(근심, 어려움, 재앙)을 부르는 상이다. 험난함 속에 있으니 매사 삼가고 신중하게 대처한다면 화를 부르지 않는다. 이 효를 얻으면 함부로 움직이지 말아야 한다.

사효(四爻)

> 효사

"육사(六四)는 피를 흘리며 기다림이니, 구멍으로부터 나온다."

> 풀이

욕심을 버리고 이치에 맞게 순리를 따르면 곤궁한 처지에서 차츰 벗어나는 상이다.

오효(五爻)

효사

"구오(九五)는 술과 음식으로 기다림이니 바르게 해서 길하다."

풀이

술과 음식으로 기다리는 격이니, 바르게 함으로써 뜻을 이루는 상이다. 여유 있게 때를 기다리며 준비하고 있다가 때가 되면 뜻을 이루는 것이다. 이 효를 얻으면 도모하는 일은 무난히 수행된다고 보면 된다.

상효(上爻)

효사

"상육(上六)은 구멍에 들어감이다. 부르지 않은 손님 셋이 올 것이니 공경하여 맞이하면 결국 길하다."

풀이

머잖아 구하는 것을 얻는 상이다. 다만 편안히 안정하고 기다리면 스스로 오는 자들*이 있으니, 겸손하게 공경하여 맞이하면 끝내는 길하다. 대체적으로 귀인(희소식, 기쁨)이 찾아오는 점이다. 자신을 낮추어 공경하여 맞이하면 될 뿐이다.

---

* '스스로 오는 자들'은 대체로 귀인을 의미하기도 한다. 그 귀인은 누군가가 될 수도 있지만 하늘(우주의 운기)이 될 수도 있으니, 겸손하면 길한 점이다.

○6 천수송(天水訟)

송괘의 상

키워드 쟁의, 소송

괘사(卦辭)

"송(訟, 쟁의)은 믿음이 있으나 막혀서 두려우니, 중(中)하면(중도(中道)를 지키면, 그치면) 길하고 끝까지 가면 흉하다. 대인을 보면 이롭고, 큰 강을 건너면 이롭지 않다."

풀이

점을 해서 '송(訟)괘'가 나오면 쟁의나 송사를 의미하는데, 중(中)을 지켜야 길하다고 보면 된다. 송은 '소송, 쟁의'를 말하는 것으로, 남과의 다툼을 의미한다. 쟁의는 군자의 길이 아니다. 반성하고 스스로를 돌아보면 길할 것이나 끝까지 다툼을 고집하면 흉한 점이다. '송괘 무동(無動)'을 얻은 이는 쇠운에 있다는 것을 명심해야 한다. 대인을 보면 이로움은 화합할 수 있는 조언을 구하는 것(자신의 내외를 막론한다.)이고, 큰 강을 건너는 것은 종국까지 치닫는 것이다.

초효(初爻)

효사

"초육(初六)은 다투는 일을 끝까지(오래) 하지 않는다면 다소 말은 있겠지만 결국 길하다."

다투는 일을 끝까지 하지 않으면 흉함에 이르지 않아 다소 말은 있을 지라도 결국 길하게 되는 점이다. 초육은 다툼을 한다 해도 끝까지 하지 말아야 한다. 끝까지 가면 이기지 못하니 흉함에 이른다.

이효(二爻)

"구이(九二)는 다툴 수가 없으니 돌아가 도망가서 고을 사람이 300호 (작은 마을)면 재앙은 없다."

애초에 이길 수가 없으니 다툴 수가 없는 상이다. 자중하지 않으면 결국 재앙에 이르나, 현명하게 물러나 자신을 낮추면 재앙은 없다. 때가 아니니 힘이 있어도 물러나 있어야 하는 것이다.

삼효(三爻)

"육삼(六三)은 옛 은덕을 먹어서 바르게 하면 위태롭지만 결국에는 길하다. 혹 왕의 일에 종사해도 공을 세울 수 없다."

한마디로 욕심 부리지 않고 바르게 하면 위태로우나 길하다고 말하고 있다. 기존의 것을 잘 지키고 분수 밖의 일을 하지 않으면 길한 상이다. 쇠운에 처했으므로 큰 것(일)을 바라서는 안 된다. 혹 왕(윗사람)이 명하는 일이나 왕이 하고자 하는 일에 따르더라도 제멋대로 뭔가를 이루려고 하면 안 된다. 공을 세울 수 없다.

사효(四爻)

"구사(九四)는 다툴 수가 없으니(이길 수가 없다.), 돌아와 명(命)에 나아가 마음을 바꾸어 안정하고 바르게 하면 길하다."

다투려는 마음을 바꾸어 안정을 이루고 바름을 지키면 길한 점이다. 욕심을 뒤로하고 겸손하게 안정에 거해야 한다.

오효(五爻)

"구오(九五)는 다투지만 크게 길하다."

오효는 군주의 지위라 송사를 다스리는 지위에 있다. 다투어도 크게 길한 상이다. 송사뿐 아니라 모든 다툼(경쟁)에 길하다. 일을 도모함을 두고 이 효를 얻으면 크게 길하다.

상효(上爻)

"상구(上九)는 혹 큰 띠(관복)를 하사받더라도 하루아침에 세 번 빼앗긴다."

다툼으로 얻는 것이 있더라도 결국 도로 빼앗기게 되는 상이다. 끝까

지 다투어서 벼슬을 얻을지라도 다른 사람과 척을 지고 다투어서 얻은
것이니, 도로 빼앗기는 것이다.

07 지수사(地水師)

사괘의 상

키워드 무리, 장수, 전쟁, 근심

괘사(卦辭)

"사(師, 무리를 이끄는 것)는 바르게 해야 하니, 장인이라야 길하고 허물이 없다."

풀이

'사(師)괘 무동(無動)'을 얻으면 전쟁터에 나가는 형국이니 '근심스러움'을 의미한다. 다만 올바르게 무리(사람, 관계, 자신)를 이끌 수 있다면 허물이 없음을 나타낸다. 지수사(地水師)는 '전쟁'을 의미하는 괘다. '사(師)'는 여러 사람·무리를 나타내기도 하며, 군대를 이끄는 장수를 가리키기도 한다. 이 괘를 얻으면 싸움터로 나가는 장수와 같이 올바른 정신 상태로 무장할 필요가 있다. 무리를 이끄는 장수와 같은 정신 상태로 오직 바른길을 걸어야 허물이 없다.

초효(初爻)

효사

"초육(初六)은 군사를 일으키는 데 규율로써 해야 하니, 그렇지 않다면 승리하더라도 흉하다."

풀이

전쟁에 나가기 위해 군사를 일으키는 상이다. 처음부터 규율(명령과 통제, 법도)을 잘 세워 출발하지 않으면 흉하다. 규율을 세우고 사전 준비를 잘 해야 패전하지 않는다. 매사에 계획을 잘 세우고 절도 있게 나아가야 함을 의미한다.

이효(二爻)

효사

"구이(九二)는 군사에 있어서 중(中)을 얻어 길하고 허물이 없으니, 왕이 세 번이나 명령을 내렸다."

풀이

군사를 이끄는 데 군사의 장수로서 중(中)도*로써 행하여 큰 공을 이루는 상이다. 군사를 이끄는 장수가 되어 나라를 안정시키고 왕의 신임을 얻는다. 왕의 명령이 세 번에 이른 것은 예우의 뜻이니, 점을 해서 이 효를 얻으면 점자(占者)를 일부 치켜세워 주는 뜻이 있다. 길한 점이다.

삼효(三爻)

효사

① "육삼(六三)은 군사적인 일을 여럿이 주장하면 흉하다."
② "육삼(六三)은 군대가 혹 시체를 수레에 싣고 돌아오면 흉하다"

풀이

이 효에는 두 가지의 뜻이 함께 있다. 전쟁터에서 군사를 이끄는 자들이 여럿이면 각자의 욕심을 부려 결국 패하게 되는 상이다. 그러니 전

---

* 구이는 하괘의 가운데에 자리하여 중(中)을 얻었다.

쟁터에 나가 송장을 수레에 가득 싣고 오는 상이 된다. 중요한 일에 여럿이 자기의 주장만 펴면 일을 그르친다. 관점을 작게(내적으로) 보면, 결단력을 갖추고 매사 중심을 잡고 흔들림 없이 나가야 흉함을 피할 수 있는 점이다. 만일 일을 도모함을 두고 이 효를 얻으면 중단하는 것이 좋으며, 나아가 조심해야 하는 점이다.

사효(四爻)

효사

"육사(六四)는 군대가 물러나 머무니 허물이 없다."

풀이

전쟁 중에 군대가 후퇴를 해서 머무는 것이니, 스스로를 점검하는 상이다. 물러나는 것은 피해를 보지 않으려는 것이니, 잠시 물러나 때를 기다린다.

오효(五爻)

효사

"육오(六五)는 밭에 짐승이 들어오면 명령을 받들어 잡는 것이 이로우니, 허물이 없다. 장자(구이)가 군사를 거느렸으니, 제자가 여럿이 주장하면 바르더라도 흉하다."

풀이

이 효는 두 가지의 상이 있다. 하나는 명을 받들어 적을 토벌하는 상이고, 다른 하나는 그 전쟁에서 능력 있는 장수가 군사를 이끄는 상이다. 즉, 적을 토벌하는 데 능력 있는 장수가 군사를 이끌었으니 지방 방송은 끄게 하라는 것이다. 이 효를 얻었을 때는 큰 임무를 맡아 공과 업

적을 이루는 것으로 보면 된다. 다만 여럿이 주장하게 하지 말라는 것은 중도로써 묵묵히 홀로 밀고 나가라는 것이다.

상효(上爻)

효사

"상육(上六)은 대군이 명을 내리니, 나라를 세우고 가문을 계승하는 데 있어 소인은 쓰지 말라."

풀이

전쟁에서 이긴 후 논공행상을 하는 상이다. 이 효를 얻었을 때는 점자를 치하하는 뜻으로 보면 되니 일부 점자를 치켜세워 주는 뜻이 있는 길한 점이다. 다만 한편으로 사람을 중용하거나 일에 있어 잘 가려서 해야 함을 의미하기도 한다.

08 수지비 (水地比)

비괘의 상

키워드 협력, 화합

괘사(卦辭)

"비(比, 협력)는 길하니, 판단하되 길이 바르면 허물이 없다. 바야흐로 함께하지 않던 이들도 편치 못해서 오는 것이니, 뒤늦으면 대장부라도 흉하다."

풀이

'비(比)괘'가 나오면 남과 협력(조화, 화합)함으로써 기쁨을 얻게 된다고 보면 된다. 비괘는 '사귄다, 친하다, 돕는다'는 뜻이다. 함께 협력하고 번영하는 공존공영(共存共榮)의 괘다. 이 괘는 협력과 화합으로써 바르게 나아가면 많은 이들의 협력을 얻어 성공할 수 있는 상이다.

초효(初爻)

효사

"초육(初六)은 믿음을 지니고 도와야(협력해야) 허물이 없다. 그 믿음을 질그릇에 가득 채우듯 하면 결국에는 뜻밖의 길함이 온다."

풀이

믿음을 가지고 정성으로 협력하여 가면 결국 뜻하지 않은 길함이 오는 상이다. 매사 마음속에 믿음과 신뢰를 가득 채워야 길함을 의미한다.

이효(二爻)

> **효사**

"육이(六二)는 돕는 데 있어 안으로부터 하니, 바르게 해서 길하다."

> **풀이**

안으로 수신제가하며 훗날을 도모하는 상이다. 조급하게 밖으로 먼저 구하러(벼슬, 일, 사람) 가지 않는 것이다. 이렇게 안에서부터 도우면 바르게 하여 길함을 의미한다.

삼효(三爻)

> **효사**

"육삼(六三)은 적절치 못한 사람(상황)과 친밀하다."

> **풀이**

적절(단정)하지 않은 사람(상황)과 친밀하니 해로운 상이다. 이는 협력을 하는 데 있어 적절치 않은 사람도 되지만 적절치 못한 일도 되는 것이다. 부당하게 처신하는 것을 경고하는 효다.

사효(四爻)

> **효사**

"육사(六四)는 밖으로 도우니, 바르게 행해서 길하다."

> **풀이**

밖으로 현자(사람들, 신념, 하늘)를 따르는 상이다. 이는 대신*의 위치

---

* 사효는 군왕인 오효의 아랫자리에 위치하고 있어 대신(신하)의 지위로 본다.

에서 임금을 도와 그 명에 따라 임무를 수행하는 길한 점이다.

오효(五爻)

효사

"구오(九五)는 비(比)의 도리를 드러내는 것이라, 왕이 세 방향으로 몰아 앞으로 오는 짐승을 놓아 주니 고을 사람들이 경계하지 않아서 길하다."

풀이

왕이 비(比)의 도리(협력, 화합)를 드러나게 하는 것이니, 모든 이들이 협력하는 상이다. 중정(中正)˚으로써 오는 자는 취하고 가는 자는 버리니, 사람들이 자신을 믿고 따르게 되는 길한 점이다.

상효(上爻)

효사

"상육(上六)은 돕는 데 있어 처음이 없으니, 흉하다."

풀이

좋은 시작이 없으니 좋은 결과도 없는 상이다. 처음에 협력을 하지 않았다면 후에 도움도 없을 것이니, 처음의 노력이 없으므로 결과가 없는 것과도 같다.

˚ 중정(中正) : 초효·삼효·오효는 양효의 자리이고, 이효·사효·상효는 음효의 자리이다. 따라서 양효가 양(陽)의 자리에 오고, 음효가 음(陰)의 자리에 오면 바르게 자리했다는 뜻에서 '정위(正位)'라고 한다. 또 하괘의 가운데 위치한 이효와 상괘의 가운데 위치한 오효를 '중(中)을 이루었다'고 한다. 여기 비괘의 구오처럼 양효가 양의 자리에 오고, 상괘의 가운데인 오효에 위치한 것을 가리켜 '중정(中正)을 얻었다'고 하는 것이다.

⌂9 풍천소축(風天小畜)

소축괘의 상

키워드 적게 쌓음, 작게 기름

괘사(卦辭)

"소축(小畜)은 형통하니, 구름이 빽빽하지만 비가 내리지 않는 것은 나의 서쪽 교외로부터 왔기 때문이다."

풀이

'소축(小畜)괘'가 나오면 축(畜)에 '저지당한다'는 뜻과 '쌓인다'는 뜻이 있으니 제지하여 키우는 것을 의미한다. 따라서 지금은 적게 쌓고 기르는 과정에 있으니 일을 이룰 수는 없음을 의미한다. '소축'이 크게 이룰 수가 없는 것은 서쪽 교외에서 온 구름이 비를 내리지 못하는 것과 같다. 이는 잠깐 막혀 있는 운세를 의미한다. 그러나 비를 배태한 구름이 때가 되면 비를 내려 만물을 적셔 주는 상이 있다. 그래서 소축괘는 '형통하다' 한 것이다.

초효(初爻)

효사

"초구(初九)는 회복함이 올바른 도(道)로 함이니 무슨 허물이 있겠는가. 길하다."

정도(正道)로 회복하여 돌아감이니 길한 상이다. 바른 도로써 행하면
모든 일이 정도로 돌아가 허물이 없고 길함을 의미한다.

이효(二爻)

효사

"구이(九二)는 서로 이끌어 회복함이니, 길하다."

풀이

서로 이끌어 바른길로 돌아가는 길한 점이다. 이는 다른 사람을 좋은
길로 이끌면서 자신도 함께하는 상이다. 이는 중도*를 잃지 않았기 때문
이다. 한편으로는 구이가 혼자서는 아직 힘에 부치므로 힘을 합해 같이
나아가야 하는 뜻이 있다.

삼효(三爻)

효사

"구삼(九三)은 수레의 바큇살이 벗겨지는 것이니, 부부가 반목한
다."

풀이

부부가 반목하여 집안이 바로서지 못하는 상이니, 뜻을 행하지(나
아가지) 못하고 다툼(불화)이 있는 점이다. 이 효를 얻으면 자기 자신의
행실을 경계해야 한다. 직장에서든 가정에서든 불화하고 반목하는 상
이다.

---

* 구이는 하괘의 가운데에 위치하여 중(中)을 이루었다.

사효(四爻)

"육사(六四)는 믿음(성의)을 가지면 피가 사라지고 두려움에서 벗어나 허물이 없다."

성의와 믿음으로써 행하면 근심에서 벗어나는 점이다. 처음은 어려우나 성실히 나아가면 위(구오, 상사, 귀인, 하늘)에서 도와주어 일이 해결됨을 의미한다. 믿음으로써 행하면 두려움에서 벗어나 허물이 없게 된다.

오효(五爻)

"구오(九五)는 믿음이 있으니 서로 이끌어서 부(富)를 그 이웃으로써 같이한다."

지도자로서 이웃에게 덕을 베푸는 상이다. 사람들과 서로 도와 문제를 해결하는 대동화 합의점이다. 조금씩 축적해 나가면서 서로 도와 풍요로워짐을 의미한다. 즉, 혼자서 누리는 것이 아니라 믿음으로 이웃과 함께한다면 뜻을 이루게 됨을 의미한다. 길한 점이다.

상효(上爻)

"상구(上九)는 이미 비가 내리고 그쳐 안정함은 덕을 숭상하여 가득한 것이니, 부인이 바름을 고집하면 위태롭다. 달이 거의 보름이니, 군자가 나아가면 흉하다."

이미 어느 정도 안정을 이루니(바라던 바를 얻으니), 더 이상 올라가지 말고 자중해야 되는 상이다. 이는 소축의 도가 완성된 것이다. 정상의 상태에서 계속해서 전진하면 흉함을 의미한다.

10 천택리 (天澤履)

리괘의 상

키워드 예를 따라 행함, 신중하고 과감한 행동

괘사(卦辭)

"호랑이 꼬리를 밟더라도 사람을 물지 않으니, 형통하다."

풀이

'리(履)괘'가 나오면 '예를 따라 행하라'는 뜻이므로 신중하게 행동하라는 의미로 보면 된다. 이는 예로써 행한다면 호랑이 꼬리(지극히 위험한 곳)를 밟더라도 해로운 바가 없음을 의미한다. 리(履)는 '밟는다'는 뜻이다. 여기에는 '실천한다, 이행한다'는 뜻이 있다. 범의 꼬리를 밟더라도 사람을 물지 않으니 이행해도 좋음을 나타낸다. 다만 예로써 행하며, 바른길로 나아가는 것이 중요하다. 그것이 성공의 길이다. 일의 성공 여부는 자신의 행동에 달려 있는 것이다.

초효(初爻)

효사

"초구(初九)는 평소대로 본래의 행함(도의)으로 나아가면 허물이 없다."

풀이

바른 마음으로 나아가면 허물이 없는 상이다. 평소대로 편안히 자기

할 바를 행한다.

이효(二爻)

"구이(九二)는 행하는 도가 탄탄하니, 마음이 늘 안정된 사람이라야 바르고 길하다."

이 효를 얻었을 때는 앞길이 탄탄하니 중도(中道)*를 잃지 않고 나아가면 길하다고 보면 된다. 이 효를 얻은 이는 마음이 늘 안정될 수 있는 사람이라고 볼 수 있는데, 그래야 길하다. '마음이 늘 안정된 사람'으로 표상한 이유는, 리괘가 범의 꼬리를 밟아 나아가는 상이므로 조심하라는 뜻을 말한 것이니, 마음을 늘 안정시키는 것에 유념하면 된다. 사욕(욕심)을 부리면 흉한 효다.

삼효(三爻)

"육삼(六三)은 애꾸눈이 보고, 절름발이가 능히 걷는 것이다. 호랑이 꼬리를 밟아 사람을 무니 흉하고, 무인(武人)이 대군(大君)이 되었다."

애꾸눈이 보듯 제대로 보지 못하고, 절름발이가 걷듯 제대로 걸을 수 없음에도 자신의 능력을 생각 않는 상이다. 자신의 힘만 믿고 움직이다 호랑이 꼬리를 밟아 화와 위험을 눈앞에 마주한 격이다. 그 능력을 생각

---

* 구이는 하괘의 가운데에 위치하여 중(中)을 이루었다.

하지 않고 욕심을 내면 흉하니, 뜻만 앞세워서는 이룰 수 있는 게 없다는 것을 경계하는 점이다.

사효(四爻)

효사

"구사(九四)는 호랑이 꼬리를 밟은 것이니, 삼가고 조심하면 결국에는 길하다."

풀이

호랑이 꼬리를 밟은 격으로, 위태로운 형국이나 두려워하고 조심하면 마침내 위험을 면하고 길함을 얻는 상이다. 항상 삼가고 조심하는 마음으로 하면 오히려 전화위복이 된다는 것이다.

오효(五爻)

효사

"구오(九五)는 과감하게 결단하여 행하니, 바르더라도 위태롭다."

풀이

(마치 호랑이 꼬리를) 시원스럽게 밟아 나아가니 위태로운 상이다. 그러나 중정(中正)*을 얻었으니 비록 위태하더라도 화를 당하지는 않는다. 이는 다만 조심하라는 뜻이다. 그러니 정도(正道)에서 벗어난 일이 아

---

* 중정(中正) : 초효·삼효·오효는 양효의 자리이고, 이효·사효·상효는 음효의 자리이다. 따라서 양효가 양의 자리에 오고, 음효가 음의 자리에 오면 바르게 자리 했다는 뜻에서 '정위(正位)'라고 한다. 또 하괘의 가운데 위치한 이효와 상괘의 가운데 위치한 오효를 '중(中)을 이루었다'고 한다. 여기 리괘의 구오처럼 양효가 양의 자리에 오고, 상괘의 가운데인 오효에 위치한 것을 가리켜 '중정(中正)을 얻었다'고 하는 것이다.

니라면 주저할 필요는 없다. 좀 위태롭기는 해도 자신 있게 나아가면 괜찮다.

상효(上爻)

효사

"상구(上九)는 행한 바를 보아서 상서로움을 고찰하되 두루 잘했다면 크게 길하다."

풀이

사람의 길흉은 오직 자신이 해 온 바에 달려 있어 선행을 했다면 복을 받을 테니 크게 길하다고 알려 주고 있다. 이는 한편으로 그렇지 못했다면 스스로를 고치라고 점자를 독려하는 효다.

11 지천태(地天泰)

태괘의 상

키워드 통함, 태평

괘사(卦辭)

"태(泰)는 작은 것(음)이 가고 큰 것(양)이 오니, 길하여 형통하다."

풀이

점을 해서 '태(泰)괘'가 나오면 천지가 통하여 태평하니 길하고 형통하다고 보면 된다. 태괘는 하늘과 땅이 화합하는 상으로, 위아래(만사)가 두루 통하는 형상이다. 태(泰)는 '통하다, 태평하다'는 뜻이다. 모든 것이 안정되어 태평한 상태를 보이니, 매사 순조롭고 형통하다. 이 괘는 주역 64괘 중 가장 이상적인 대길운의 괘 중 하나다. 이 괘는 운이 안 좋거나 바르지 못한 이는 좀처럼 얻기 힘든 괘다.

초효(初爻)

효사

"초구(初九)는 띠풀 하나를 뽑으면 다른 뿌리들도 함께 뽑히는 것이다. 그 무리와 함께 가니 길하다."

풀이

밖으로 나가 사람들과 함께 자신의 뜻을 펼치는 길운이다. 때가 오고

운이 열리니, 여러 사람과 더불어 협조(연대)하여 나간다. 모두가 한마음이 되어 새로운 시대로 향하는 격이다.

이효(二爻)

효사

"구이(九二)는 두루 포용하는 도량을 지니고 개혁할 수 있는 용기를 지니며, 두루 살피는 박애를 지니고 치우침 없는 공정함을 지니면 중(中)을 행하는 것에 합치된다."

풀이

태평한 세상에 합치되는 올바른 정치(중도정치)를 하는 방법을 말하고 있다. 도량과 용기(개혁), 박애(두루 살핌)와 공정 이 네 가지 덕행을 구비할 것을 주문하는 점이다. 이와 같이 한다면 주역의 핵심이자 하늘의 뜻인 중도에 부합되어 세상에 그 영향을 미칠 것이다. 이 효를 얻은 이는 그럴 수 있는 자라며 일부 점자를 치켜세워 주는 뜻이 있는 점이다.

삼효(三爻)

효사

"구삼(九三)은 평평한 것은 기울지 않는 것이 없고, 나아간 것은 되돌아오지 않는 것이 없다. 어렵게 여기고 바르게 하면 허물이 없어서 근심할 것이 없으니, 먹는 데에 복이 있다."

풀이

상황이 막히거나 어렵더라도 항상 바르게 힘써 나가면 큰일은 이룰 수 없어도 먹을 복은 있을 것이니, 먹고사는 문제는 걱정하지 않아도 된다고 알려 주는 점이다.

사효(四爻)

효사

"육사(六四)는 날듯이 아래로 내려가서 부유하지 않음에도 그 이웃과 함께하니, 경계하지 않고 믿음으로 대한다."

풀이

자신을 낮추어 이웃과 함께하면 재물이 아니더라도 이웃이 그를 따르고 경계함 없이 믿는다고 말하고 있다.

오효(五爻)

효사

"육오(六五)는 제을이 누이를 시집보내는 것이니, 이로써 복을 얻고 크게 길하다."

풀이

군왕이 몸을 낮춰 신하에게 누이를 시집보내는 상이다. 이는 겸손함으로 무장하고 중도(中道)로써 바라는 바를 행하면 복을 얻고 크게 길함을 의미한다. 이는 태(泰)괘의 통함과 태평을 이룬 상이다.

상효(上爻)

효사

"상육(上六)은 성이 무너져 터로 다시 돌아간다. 군사를 쓰지 말고 읍으로부터 명을 고하는 것이니, 바르더라도 부끄럽다(인색하다)."

풀이

백성을 지키던 성이 무너져 흙으로 돌아가는 상으로, 태평한 운수가 끝에 이르러 도리어 정체의 때로 돌아가는 점이다. 이때에는 강경함을 뒤로하고 자신을 다스려 나가야 한다.

12 천지비(天地否)

비괘의 상

키워드 불통(不通), 불안

괘사(卦辭)

"비(否)는 인간의 도(道)가 아니니 군자가 바름을 지키기에 이롭지 않으며, 큰 것(양)이 가고 작은 것(음)이 온다."

풀이

점을 해서 '비(否)괘'가 나오면 천지가 불통하여 정체되니, 혼란과 불안의 시대를 의미한다. 비(否)는 '막혀서 통하지 않는다(불통)'는 뜻이다. 이 괘를 얻은 때는 모든 면에서 쇠운에 해당한다고 보면 된다. 천지든, 사람들의 마음이든, 일이든 통하지 않고 막혀 버린 것과 같다. 따라서 지금은 매사 은인자중함이 좋다.

초효(初爻)

효사

"초육(初六)은 띠풀 하나를 뽑으면 다른 뿌리들도 함께 뽑히는 것이다. 무리와 함께하여 바름을 지키니 길하여 형통하다."

풀이

이 효가 나왔을 때는 바른 마음으로 힘을 기르면서 때(귀인)를 기다리는 게 길함을 알려 주고 있다. 불통의 때를 맞아 무리가 하나되어 의지를 다지며 때를 기다리는 상이다.

이효(二爻)

효사

"육이(六二)는 위의 뜻을 받드는 것이니, 소인은 길하고 대인은 정체되지만 형통하다."

풀이

위의 뜻을 따라 소인은 영합하고, 군자는 그곳을 피하는 상이다. 해서 소인은 당장에 길하고, 대인은 피하니 그 몸은 정체되지만 도(마음)는 형통하게 된다. 군자는 의리를 따른다. 소인의 세상에 대인은 적극적으로 나서지 않는 것이 좋음을 의미한다.

삼효(三爻)

효사

"육삼(六三)은 마음속에 품고 있는 것이 부끄럽다."

풀이

마음속에 품고 있는 것이 부끄러운 상이다. 이 효를 얻었을 때는 스스로 돌이켜 반성하는 것만이 부끄러움을 막고 재앙을 막는 유일한 해결책이다.

사효(四爻)

효사

"구사(九四)는 군주의 명으로 행하면 허물이 없어서 무리가 복을 누린다."

풀이

중도(中道, 하늘의 뜻)로써 나아가면 허물이 없으니, 뜻을 이룰 수 있어 모두에게 복이 될 것을 알려 주고 있다. 불통의 때를 구제할 수 있으니, 중도로써 일을 거사하면 성공하여 모두가 복을 누리는 상이다.

오효(五爻)

효사

"구오(九五)는 정체(막힘)를 그치게 하니, 대인의 길함이다. 망할까 망할까 염려해야 뽕나무에 묶어 놓은 듯 단단할 것이다."

풀이

대인이 정체의 때를 그치게 하는 길한 점이다. 길운이 다가오는 것이다. 다만 정체의 때가 다시 돌아오지 않을까를 늘 경계해야 한다.

상효(上爻)

효사

"상구(上九)는 정체가 기울어지니 먼저는 정체하나 나중은 기쁘다."

풀이

막히던 정체의 때가 가고 운이 다시 돌아오는 기쁨이 있는 점이다. 막혔다 해도 오래지 않아 풀리니, 처음은 고난을 겪었어도 나중은 기쁜 일만 있음을 의미한다.

13 천화동인 (天火同人)

동인괘의 상

키워드 연대, 화합

괘사(卦辭)

"동인(同人, 연대·화합)은 광야(공정)에서 하면 형통하니 큰 강을 건넘이 이롭고, 군자는 바르게 함이 이롭다."

풀이

점을 해서 '동인(同人)괘'가 나오면 사사로움 없이 사람들과 함께하면 형통하니, 바름을 지켜 일을 도모해도 좋음을 의미한다. 또 사람과 친하니(함께함) 좋다는 의미와 동시에 사람과 친해야 함을 의미한다. 동(同)에는 '연대하다, 화합하다'는 뜻이 있다.

이 괘는 모든 사람과 두루 친함을 의미한다. 사람들의 협력으로 일을 성취하는 상이다. 공명정대하게 일을 해 나가면 어떤 큰일이든지 할 수 있음을 의미한다.

초효(初爻)

효사

"초구(初九)는 동인(同人)함에 있어 (사람들과) 문 밖에서 연대하니, 허물이 없다."

밖으로 나가 사람들과 교제하는 상이다. 공명정대하게 연대해 나가면 허물이 없으니 막힌 것이 풀리는 것이다.

이효(二爻)

효사

"육이(六二)는 동인함에 있어 같은 일가끼리 연대하니, 인색하다."

풀이

같은 일가끼리만 친한 것 같이 사사롭고 인색한 상이다. 한마디로 사사롭다는 것이다. (중정의 도를 갖추기*는 했으나) 친한 사람끼리만 서로 사귀는 것 같이 공정하지 못하고 사사로우며, 인색하다는 경계를 한 점이다.

삼효(三爻)

효사

"구삼(九三)은 군사를 숲속에 숨기고 높은 언덕에 올라가서 3년 동안 일으키지 못한다."

풀이

상대를 치기 위해 군사를 동원하지만 3년 동안 치지 못하는 상이다. 이는 3년 동안(긴 시일 동안) 나아가지 못하는 것이다. 자신의 힘을 모르는 과분한 행동은 실패를 초래한다는 것을 암시하는 효며, 한편으로는 자신의 바르지 못한 뜻을 실행에 옮기지 않아서 흉에 이르지 않음을 암시한다.

---

* 음효가 음효의 자리에 와서 정위(正位)를 이루었고, 하괘의 가운데에 왔으니 육이는 중정(中正)을 갖추었다.

사효(四爻)

> **효사**
>
> "구사(九四)는 그 담에 올라가지만 공격하지 않으니, 길하다."

> **풀이**
>
> 상대를 치기 위해 공격을 준비하지만 힘이 못 미침(정도가 아님.)을 알고 제자리로 돌아오니 길하게 되는 상이다. 이는 지피지기의 지혜를 발휘하여 무모한 행동을 하지 않음을 의미한다.

오효(五爻)

> **효사**
>
> "구오(九五)는 동인함에 있어 먼저는 울부짖지만 뒤에는 웃으니, 큰 군사로 이겨야 서로 만난다."

> **풀이**
>
> 동지를 연대함에 있어 진실하고 올바르기 때문에 결국 방해를 이겨내고 서로 만나게 되는 점이다. 이는 결국 방해를 물리치고 소기의 목적을 달성한다고 보면 된다. 결국 구오는 제 짝(육이)*을 만나게 된다.

상효(上爻)

> **효사**
>
> "상구(上九)는 동인함에 있어 교외에서 연대하니, 후회가 없다."

> **풀이**
>
> 한적한 곳에서 자신의 분수와 뜻을 지키는 상이다. 한가함 속에서 스

---

* 효마다 짝이 있는데 초효는 사효, 이효는 오효, 삼효는 상효와 짝이 된다. 여기서는 '결국 뜻을 이루게 됨'을 비유적으로 빗대어 설명했다.

스로 만족하며 지내니 후회가 없다. 현실에 적극적으로 참여하지 않으니 공도 없고, 화도 없는 점이다.

14 화천대유(火天大有)

대유괘의 상

부유함, 많음

괘사(卦辭)

"대유(大有)는 크게 형통하다."

풀이

'대유(大有)괘'가 나오면 부와 명예를 크게 소유하는 형국이니, 크게 형통하다고 보면 된다. 대유는 정신적이든 물질적이든 크게 소유한다는 뜻으로, 마치 태양이 높은 하늘에서 빛나고 있는 형상이다. 부와 명예를 크게 소유하는 형국이니 크게 번창한다. 모든 면에서 대길(大吉)한 괘다.

초효(初爻)

효사

"초구(初九)는 해로움과 연관이 없으니 (당장은) 허물이 없으나 어렵게 여겨야 (앞으로도) 허물이 없다."

풀이

지금은 허물이 없다 하더라도 만사 어렵게 여기고 조심해야 앞으로도 허물이 없을 것이라고 경계하고 있다.

이효(二爻)

"구이(九二)는 큰 수레에 짐을 실은 모습이니, 갈 바가 있어 허물이 없을 것이다."

풀이

큰 수레에 짐을 가득 실은 모습이니 능력을 인정받아 중책을 맡은 상이다. 무엇이든 처리할 수 있는 능력과 자격(덕)을 갖추었으니 어떠한 중책이라도 감당한다. 이는 앞을 향해 나아가라는 말이다.

삼효(三爻)

효사

"구삼(九三)은 공(公)이 천자를 형통하게 함이니, 소인은 가능하지 않다."

풀이

자신을 낮추는 덕을 지니고, 자신의 부(능력)를 공변되게 쓰면 길한 점이다. 풍성한 부(능력)를 사사로이 자기 것으로만 여기는 소인에게는 해당되지 않으니 도리어 해롭다. 얻고 잃는 것이 모두 자신에게 달려 있는 운이다. 이는 스스로를 다스려 대의(大義)를 위해 헌신하는 것을 의미한다. 점을 해서 이 효가 나오면 (소인이 아닐 경우) 일부 점자를 치켜세워 주는 뜻이 있다.

사효(四爻)

효사

"구사(九四)는 차고 넘치지 않으면 허물이 없다."

차고 넘치지 않으면 허물이 없는 상이다. 무엇이든 지나침에 이르지 않으면 허물이 없다는 것이니, 자신의 사욕을 그쳐 더 이상 채우려 하지 말라는 뜻도 된다. 이는 스스로를 경계하라는 말이다.

오효(五爻)

효사

"육오(六五)는 믿음으로 서로 사귀니, 위엄이 있으면 길하다."

풀이

믿음(신의)으로써 정치를 하니, 위엄이 있으면 길하다. 이는 지도자의 상이다. 사람들을 대함에 믿음으로 사귀되 위엄을 갖추면 뜻을 이루고 크게 길하다는 말이다.

상효(上爻)

효사

"상구(上九)는 하늘이 도와주니 길하여 이롭지 않음이 없다."

풀이

하늘이 도와주니 길하여 이롭지 않음이 없는 상이다. 점을 해서 이 효를 얻으면 무슨 일이든지 길하다고 보면 된다. 단, 도리(道理)를 따라 행하라.

15 지산겸 (地山謙)

겸괘의 상

키워드 겸손의 도, 군자의 마침.

괘사(卦辭)

"겸(謙)은 형통하니, 군자는 끝마침이 있다."

풀이

'겸(謙)괘'가 나오면, 겸은 형통하니 겸손의 도를 지키면 좋은 끝마침 (유종의 미)이 있는 형국이라고 보면 된다. 겸은 '겸허하다'는 뜻이다. 겸괘는 겸손함으로 인해 길운이 되고, 주위의 존경을 받는 운이다. 겸괘는 겸손하면 형통하다는 것을 가르치고 있다. 겸괘는 정신적인 일에 더욱 큰 기쁨이 있다.

초효(初爻)

효사

"초육(初六)은 겸손하고 겸손한 군자(겸겸)니 큰 강을 건너도 길하 다."

풀이

자신을 낮추는 겸손한 군자의 상이니, 대하(大河)를 건너는 것 같은 위험하고 어려운 일을 수행해도 길하다는 뜻이다.

이효(二爻)

"육이(六二)는 명성이 울리는(소문난) 겸손이니, 바르고 길하다."

겸손한 덕이 알려져 이름이 높아지는 상이니 올바르고 길한 점이다.
중정*의 덕이 있어 올바르고 길한 것이다.

삼효(三爻)

"구삼(九三)은 수고로움에도 겸손한 군자니, 끝마침이 있어서 길하
다."

수고로우면서도 겸손한 상이니, 만사에 유종의 미를 이루어 길한 점
이다.

사효(四爻)

"육사(六四)는 두루 겸손을 베푸니, 이롭지 않음이 없다."

누구에게나 두루 겸손을 베푸는 상이니 이롭지 않음이 없는 점이다.
두루 겸손의 미덕을 발휘하면 만인의 지지를 받으니 이롭다.

---

* 육이는 음효가 음효의 자리에 있어 '정(正)'을 이루고, 하괘의 가운데에 위치해
'중(中)'을 얻었으니 중정(中正)을 얻은 것이다.

오효(五爻)

"육오(六五)는 부유하지 아니하고 이웃과 함께하나 (복종하지 않는 자는) 정벌함이 이로우니, 이롭지 않음이 없다."

겸손함으로 많은 이들의 마음을 얻으나, 불복하는 자가 있으면 무력(위엄)으로써 복종시킬지라도 이롭지 않음이 없는 점이다. 이는 평화를 위한 것이다. 오효는 군주의 자리라 복종하지 않는 자를 정벌하는 것이니, 한편으로는 심판(복수)의 신의 지위를 나타내고 있다. 이는 곧 신인합일(神人合一)을 이룬 자의 지위와도 같다.

상효(上爻)

"상육(上六)은 울리는 겸손이니, 군대를 움직여 읍국을 정벌함이 이롭다."

아직 명성이 세상에 울리고 있는 상이니, 큰일은 못하더라도 군대를 움직임이 이로우니 작은 읍국을 정벌하는 일쯤은 할 수 있을 것임을 말하고 있다. 한편으로, 군자라면 자신을 돌아보고 마음을 다스리라는 말과도 같다. 마음을 다스리면 모든 것을 다스리게 된다.

16 뇌지예(雷地豫)

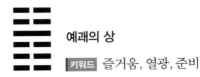

예괘의 상

키워드 즐거움, 열광, 준비

괘사(卦辭)

"예(豫)는 제후(준비, 노력, 대리인)를 세우고 군사를 동원함이 이롭다."

풀이

'예(豫)괘'가 나오면, 미리 준비하고 대비하면 열광과 즐거움이 있다고 보면 된다. 유일한 양효인 사효에게 모든 음효들이 열광하는 상이다. 예(豫)는 '미리'의 의미를 갖는다. 예란 미리 대비하면 열광하고 즐겁다는 뜻이니, 매사 사전 준비를 튼튼히 해서 나간다면 뜻을 이루는 괘다.

초효(初爻)

효사

"초육(初六)은 울리는 즐거움이니, 흉하다."

풀이

교만하고 방자하게 되어 흉함에 이르는 상이다. 마땅히 스스로를 다스려야 한다. 배경만 믿고 망동하다 흉함에 이르는 상이 있다.

이효(二爻)

"육이(六二)는 절개가 돌과 같아 하루가 가기 전에 단호하게 행하니, 바르고 길하다."

그 절개가 돌과 같이 굳고 단호한 상이다. 이치를 따라 곧고 굳은 마음으로 뜻을 행하니 길한 점이다.

삼효(三爻)

"육삼(六三)은 쳐다보며 즐거워하니 후회가 있고, 머뭇거려도 후회가 있다."

나아가건 물러나건 회한이 있고, 후회가 있는 상이다. 바라지 못할 것을 바라며 즐거워하면 후회만 남는다. 머물 자리가 아니면 미련을 버리고 빨리 그 자리를 떠나라는 말이다. 누울 자리를 보고 다리를 뻗어라.

사효(四爻)

"구사(九四)는 그로 인해 즐거워하므로 크게 얻음이 있으니, 의심치 않으면 벗들이 모인다."

많은 이들의 열광을 얻는 상이다. 자신의 뜻을 크게 이루는 길한 점이다. 의심을 두지 않으면 벗들이 모이니 화합을 이루게 된다.

오효(五爻)

"육오(六五)는 바르게 하되, 병이 있어 늘 앓아도 죽지는 않는다."

비록 위태한 면이 있으나 (중덕*을 행하므로) 잘못되지는 않는 상이다. 큰일을 하기는 어렵고, 간신히 현상 유지를 하는 격이다.

상효(上爻)

"상육(上六)은 즐거움에 어두워졌으니, 변해야 허물이 없다."

즐거움(유흥, 탐욕)에 혼미하게 빠져서 그 종극에 이르는 상이다. 굳은 결심으로 돌이키지 않으면 재앙이 미친다. 과거의 안 좋은 것들(습관)을 버리고 스스로를 돌아봐야 하는 점이다.

---

* 상괘의 가운데 위치한 오효는 '중(中)'을 얻었다.

17 택뢰수 [澤雷隨]

수괘의 상

키워드 따름

괘사(卦辭)

"수(隨)는 크게 형통하니, 바르게 함이 이롭고 허물이 없다."

풀이

'수(隨)괘'가 나오면 남을 따르는' 것은 형통하니, 바름을 지켜야 이롭다는 의미다. 수(隨)에는 '따르다, 순종하다'는 뜻이 있다. 만사에 있어 자신을 낮추어 뒤쫓아 감이 좋은 운이다. 그렇게 뒤를 따라 묵묵히 해나가면 그 노력의 결과를 보게 되는 날이 온다. 그러나 "바르게 함이 이롭고 허물이 없다."고 했으니, 바르게 따라야 형통함을 볼 것이다.

초효(初爻)

효사

"초구(初九)는 직무에 변화가 있으니, 바르게 하면 길하므로 문을 나가 사귀면 공이 있다."

---

* '따른다'는 것은 보이는 누군가가 될 수도 있지만 보이지 않는 뭔가(신념, 하늘)가 될 수도 있음이다. '따른다'는 표현에서 자신을 낮추는 덕이 필요하다는 것을 알 수 있다.

지금까지 유지해 온 것에 변화가 생기는 운이니, 정도(正道)를 걸으면 길하다. 또한 사사로움에 얽매이지 않고 교제를 하면 공이 있는 점이다. 변혁기에 있으니 바르게 처신하면서 교제하면 공이 있다는 것이다. '문을 나가 사귀라'는 것은 바야흐로 때가 왔음을 알려 주는 말이다.

이효(二爻)

효사

"육이(六二)는 소인과 관계하면 장부를 잃는다."

풀이

작은 사람과 관계하면 큰 사람을 잃는 상이다. 즉, 작은 것에 집중하다 큰 것을 잃는 것이니 두 가지를 할 생각 말고 그중 나은 것에 집중해야 함을 충고하는 점이다.

삼효(三爻)

효사

"육삼(六三)은 장부와 관계하고 소인을 잃으니, (따름에) 구하는 바를 얻지만 바른 자리에 거하는 것이 이롭다."

풀이

작은 사람(작은 것)을 버리고 장부와 관계하니, 구하는 바를 얻는 상이다. 작은 사람(작은 것)을 잃고 큰 사람(큰 것)을 취하는 격이니, 더 나은 데로 나아가는 것이다. 다만 바르게 처신해야 이롭다.

사효(四爻)

"구사(九四)는 따름에 얻음이 있으면 바르더라도 흉하다. 믿음이 있고 도에 자리하여 밝게 처신하면 무슨 허물이 있겠는가?"

(따름에) 대신*의 위치에 있어 부정한 권력이나 재물이 눈에 들어오는 형국이다. 그러니 경계함 없이 사리사욕으로 얻는 것(바라는 것)이 있으면 흉한 상이다. 매사 정도로써 분별해서 처신해야 허물이 없는 점이다. 일에 있어서도 욕심부리지 말고 삼가며 정도를 지킨다.

오효(五爻)

"구오(九五)는 아름다운데(선함) 신뢰(믿음)를 가지고 있으니 길하다."

선함(아름다움)을 따르며 상하 화합하니, 길한 점이다. 중정**한 덕으로 신뢰로써 행동하니 길하다.

상효(上爻)

"상육(上六)은 붙잡아 묶어 놓고(따름) 그것을 따라 동여매니, 왕이 서산에서 번성했다."

---

* 구사는 군주인 오효(구오)의 바로 밑에 있어 군주를 보필하는 대신의 지위로 본다.
** 구오는 양의 자리에 양효가 와서 '정위(正位)'이고, 상쾌의 가운데에 위치하여 '중(中)'을 얻었으니 중정을 이룬 것이다.

풀이

공경하고 정성된 자세를 지님으로써 모두의 마음이 서로 흩어지지 않도록 협화와 단결을 굳게 해야 함을 일러 주는 점이다.

18 산풍고(山風蠱)

고괘의 상

키워드 부패의 청산, 과거사 개혁

괘사(卦辭)

"고(蠱)는 크게 형통하니, 큰 강을 건너는 것(일을 도모하는 것)이 이롭다. 갑에서 3일을 먼저 하고, 갑에서 3일을 뒤에 한다(깊이 사려하고 멀리 추측하라는 말이다.)."

풀이

'고(蠱)괘'가 나오면 부패를 청산해야 하며, 그러기 위해 일을 도모하면 크게 길하다는 의미로 보면 된다. 고(蠱)는 '어려운 일, 개혁할 일'을 의미한다. 나아가 '일을 도모한다'는 뜻이기도 하다. 부패의 청산은 크게 형통할 수 있다. 이 괘를 얻은 때는 고쳐야 할 것들이 있다는 것을 암시한다. 부패를 청산하면 혼란을 극복하는 상이니, 형통한 점이다.

초효(初爻)

효사

"초육(初六)은 아버지의 일을 주관함이니, 자식이 잘하면 부친이 허물이 없을 것이다. 위태롭게 여겨야 결국에 길하다."

지난날의 잘못된 일을 깨끗이 처리하되, 선대의 뜻을 잘 살펴서 서로 간의 허물이 없도록 조심히 힘써 나가면 결국 길하게 되는 점이다.

이효(二爻)

효사

"구이(九二)는 어머니의 일을 주관함이니, 지나치게 곧게만 할 수는 없다."

풀이

마치 자식이 어머니 일을 맡아 하는 상이다. 지나치게 강하거나 곧으면 안 되고, 공손하고 온화하게 중도로써 일을 처리해야 함을 의미한다.

삼효(三爻)

효사

"구삼(九三)은 아버지의 일을 주관함이니, 조금 후회가 있지만 큰 허물은 없다."

풀이

용감하게 지난날의 과오를 깨끗이 정리하고 새롭게 출발하는 상이다. 과감히 일을 처리하더라도 큰 허물은 없다. 목적이 좋으니 그 과정이 조금 순탄치 않더라도 끝내 허물이 없는 점이다.

사효(四爻)

효사

"육사(六四)는 아버지의 일을 너그럽게 처리함이니, 계속 나아가면 인색해진다."

풀이

청산할 일을 과감하게 처리하지 못하면 후회가 생기는 상이다. 지난날의 부패를 청산하는 데 소극적으로 하면 오히려 해가 된다.

오효(五爻)

효사

"육오(六五)는 아버지의 일을 주관하여 영예를 얻는다."

풀이

과거를 개혁함에 선대의 덕을 잘 이어 행하여 영예를 얻는 상이다. 길한 점이다.

상효(上爻)

효사

"상구(上九)는 왕후의 일을 섬기지 않으면서 그 일(자신의 뜻)을 높여 고결히 여긴다."

풀이

세상의 일을 하지 않고 물러나 자신의 일을 높이고 소중히 여기는 상이다. 상구는 세속의 일들에 얽매이지 않으니 그 뜻이 고상하다.

19 지택림(地澤臨)

임괘의 상

키워드 임함, 통치

괘사(卦辭)

"임(臨)은 크게 형통하니, 바르게 함이 이롭다. 8월에 이르면 흉함이 있다."

풀이

'임(臨)괘'가 나오면 형통하니, 바르게 함이 이롭다고 보면 된다. 임(臨)괘는 '임하다, 통치하다'의 뜻으로, 군자가 임하여 뜻을 펼치는 상이다. 임(臨)은 사람들에게 다가가는 것이고 어떤 일에 임하는 것이니, 다가가서 임하여 일을 추진하는 모든 것이 이에 해당한다. 임괘를 얻으면 적극적으로 진행해도 좋다. 다만 '8월에 흉함이 있다'는 것은 좋을 때(평소에) 미리 대비하라는 것이다.

초효(初爻)

효사

"초구(初九)는 두루 미쳐(감응) 임함이니, 바르게 함이 길하다."

풀이

상하가 화합하여 나아가니, 그렇게 바르게 하면 길한 상이다. 바르게 하면 그 뜻을 이룬다.

이효(二爻)

"구이(九二)는 두루 미쳐(감응) 임함이니, 길하여 이롭지 않음이 없다."

감응하듯 좋은 기운을 두루 미쳐 임함이니, 상하가 하나되어 길하여 이롭지 않음이 없는 점이다. 현명하게 중(中)*으로써 행하니, 만사가 길하고 순조롭다.

삼효(三爻)

"육삼(六三)은 달콤한 말(잘못된 태도)로 임함이니, 이로운 바가 없으나 이미 근심하니 허물이 없다."

주변(사람, 하늘)에 영합(아첨)해도 이로운 바가 없으니, 이를 근심하여 고치면 허물을 면하는 상이다.

사효(四爻)

"육사(六四)는 지극하게 임함이니, 허물이 없다."

---

* 구이는 음의 자리에 양효가 와서 정위(正位)는 아니지만 하괘의 가운데에 위치하여 중(中)을 이루었다.

일과 사람에 있어 지성으로 임함이니, 허물이 있을 수 없는 점이다. 그러니 좋은 시절을 만나게 된다.

오효(五爻)

효사

"육오(六五)는 지혜로 임함이니, 대군의 마땅함이라 길하다."

풀이

밝은 지혜로 중도(中道)를 행하는 대군의 상이니, 길한 점이다. 지도 자로서 중(中)*을 갖추고 밝은 지혜로 임하니, 당연히 길하다. 음효인 육 오는 자신을 낮추어 실력 있는 적임자(양효인 구이)에게 일을 맡기는 상 이 있다. 이는 포용하는 것이다.

상효(上爻)

효사

"상육(上六)은 돈독하게 임함이니, 길하여 허물이 없다."

풀이

일과 사람에 있어 돈독하게 임함이니, 길하여 허물이 없는 점이다. 신 뢰로써 임하여 가정이나 직장에서 화합을 이루면 이것이 돈독하게 임하 는 것이다.

---

* 육오는 양의 자리에 음효가 와서 정위(正位)는 아니지만 상괘의 가운데에 위치하 여 중(中)을 이루었다.

2ᄋ 풍지관(風地觀)

관괘의 상

키워드 봄의 도, 살펴 구함.

괘사(卦辭)

"관(觀)은 손을 씻고 제사를 올리지 않으면(올리기 전처럼 하면) 신뢰
로써 우러러본다."

풀이

점을 해서 '관(觀)괘'가 나오면 잘 보고 살펴 구하라는 의미다. 관은 '보
다, 관찰하다'는 뜻이니 관괘는 '봄의 도(道)'라, 자신의 안팎을 잘 볼(관
찰) 것을 가르치고 있다. 잘 보라는 것은 '자신을 수양하라(관심(觀心))'는
말과도 같은 것이다. 이 괘를 얻었을 때에는 한 걸음 물러나 자신을 수양
하면 좋으나, 물질적인 이익을 도모하면 좋지 않다. 봄의 도를 설파하는
관괘는 정신적인 일에 무게를 두는 괘로, 사상가·종교가·교육자에게는
길운의 괘다.

초효(初爻)

효사

"초육(初六)은 아이가 보는 것이니, 소인은 허물이 없지만 군자는 부
끄럽다."

아이의 관점으로 세상(사물)을 보는 것과 같으니, 소인은 몰라도 군자는 부끄러운 상이다.

이효(二爻)

효사

"육이(六二)는 (틈으로) 엿보는 것이니, 여자의 바름이 이롭다."

풀이

숨어서 문틈으로 세상(사물)을 엿보는 상이니, 해롭다. 이는 좁은 시야보다는 넓은 관점으로 관조하듯 바라보는 것이 중요함을 말하고 있다. 또한 무언가를 알아내기 위해 까치발을 한 채 넘겨다보는 경우에 나오는 점이기도 하다. 그냥 때에 맡기면 될 일이다.

삼효(三爻)

효사

"육삼(六三)은 내게서 생겨난 것들을 보고, 나아가고, 물러난다."

풀이

자신에게서 생겨난 것들(행동 및 치적)을 보아 가히 나아가고 물러나는 상이다. 자신의 역량을 알아서 나아가고 물러나는 것으로, 능력과 득실을 헤아려 진퇴를 결정하라는 점이다. 그래야 도를 잃지 않는다.

사효(四爻)

효사

"육사(六四)는 나라의 빛남을 봄이니, 왕에게 손님으로 대우받는 것이 이롭다."

스스로 나라의 치세(빛)를 살펴보는 것이니, 관광(觀光, 빛남을 봄.)의 상이다. 점을 해서 이 효가 나오면 왕에게 극진하게 대우받을 자격이 있는 자라며 점자를 치켜세워 주는 뜻이 있으니, 도모하는 일은 무난히 수행될 것이다. 실제로 이 효를 얻으면 '왕에게 대우받는다'고 했으니 벼슬을 할 수도 있고, 나라의 손님으로 초대를 받기도 한다. 또 '나라의 빛남을 본다'고 했으니, 실제로 관광을 갈 수도 있는 점이다.

오효(五爻)

효사

"구오(九五)는 나의 생(삶)을 보되, 군자면 허물이 없다."

풀이

임금이 백성들의 상태를 살펴보고 자신을 돌아보는 돌아봄*의 상이다. 이는 자신이 행한 것들과 그 근원인 자기 자신을 돌아보는 반조(反照)의 운이다. 군자의 도리에 맞는 일이므로 허물이 없다. 점을 해서 이 효를 얻으면 '스스로를 돌아보니 허물이 없다'는 측면과 '스스로를 돌아보면 허물을 면하리라'는 뜻이 있다.

상효(上爻)

효사

"상구(上九)는 그 생(삶)을 보되, 군자면 허물이 없다."

---

* 필자의 유튜브 채널 '관심일법'의 〈관조의 힘과 격물치지〉, 유종열의 『늘 봄의 생활』 참고

도인이 세상을 관조하는 바라봄*의 상이다. 이는 자신이 가르친 구오로부터 비롯된 세상을 바라보는 관조의 운이다. 자신을 돌아보고 백성의 삶을 관조로써 위로하고 어루만진다. 관조 안에서 만물은 조화와 질서를 찾게 된다. 돌아봄을 지나 바라봄의 경지에 든 이는 성인의 반열에 든 자로서 치유적 권능을 지닌다. 자신뿐 아니라 만물을 치유하는 단계다. 이는 도인의 경지다. 허물이 있을 수 없다. 점을 해서 이 효를 얻으면 도인처럼 세상을 관조하여 바라보는 이는 군자이니, 허물이 없지만 그렇지 못하면 허물이 됨을 알 수 있다.

---

* 한 성인은 도(道)의 단계를 돌아봄, 바라봄, 늘 봄의 단계로 나누었다. 유종열의 『늘 봄의 생활』 참고

21 화뢰서합(火雷噬嗑)

서합괘의 상

키워드 형벌을 씀.

괘사(卦辭)

"서합(噬嗑)은 형통하니, 형벌(옥사(獄事))을 쓰는 것이 이롭다."

풀이

'서합(噬嗑)괘'를 얻었을 때는 장애나 불유쾌한 것들이 있을 수가 있으나, 강하고 단호하게 나아가면 장애가 제거되어 형통함에 이름을 의미한다. 서합괘는 형벌을 씀으로써 발전을 의미한다. 이 괘는 비유하자면, 입 안에 있는 음식물(장애)을 깨물어 합하면 그 해로움이 없어져 형통하는 상이다. 아래윗니가 서로 맞아서 형통하게 되는 것이다. 적극적으로 나아가면 장애는 제거될 것이니, 폐단을 다스릴 수 있게 된다.

초효(初爻)

효사

"초구(初九)는 발에 차꼬를 채움이니, 허물이 없다."

풀이

발을 손상시켜 걷지 못하게 함으로써 더 이상 죄가 커지지 않게 하는 상이다. 이는 작은 것부터 경계를 하는 것이니, 자신을 돌아보고 반성하여 바르게 나가라는 점이다. 허물은 없다.

이효(二爻)

> **효사**

"육이(六二)는 살을 씹어 코가 없어지더라도 허물이 없다."

> **풀이**

강한 상대에게 형벌을 주다가 자신도 상해를 입는 상이다. 그러나 그
것이 중도이니 허물은 없다.

삼효(三爻)

> **효사**

"육삼(六三)은 말린 고기를 씹다가 독을 만나니 조금 부끄러우나(인색
하나) 허물은 없다."

> **풀이**

형벌을 주다가 난처한 상황을 만나는 상이니, 조금 부끄럽지만 그대
로 나아가면 허물은 없는 점이다. '독'이라는 함정의 상이 있어 주의할
필요가 있으나 허물될 것은 없는 점이다.

사효(四爻)

> **효사**

"구사(九四)는 말린 갈비를 씹다가 금과 화살을 얻으나 어렵게 여기
고 바르게 함이 이로우니, 길하다."

> **풀이**

형벌을 줌에 얻는 바가 있으니, 어렵게 생각하고 바름을 굳게 지키면

길한 점이다. 이는 장애를 만나더라도 인내로써 바르게 해 나가면 목표
하던 바를 이루는 점이다.

오효(五爻)

효사

"육오(六五)는 말린 고기를 씹다가 황금을 얻으니, 바르게 하고 위태
롭게 여기면 허물이 없다."

풀이

형벌을 줌에 얻는 바가 있으니, 위태롭게 여겨 중도*로써 신중하고 바
르게 행동해야 허물이 없다. 조심조심 바르게 처신하면 사람들이 따라
주고, 일이 뜻대로 되는 상이다. 중도로써 처신하니 지혜로운 일이다.

상효(上爻)

효사

"상구(上九)는 목에 차꼬를 차서 귀를 멸하니, 흉하다."

풀이

형틀을 목에 씌워 귀가 손상되는 상으로, 흉한 점이다. 이목구비 중에
으뜸이 듣는 것인데, 그것이 손상된 것이다. 일면으로는 점자의 귀가 어
두움을 질타한 것이라고 보면 되는데, 일을 도모함을 두고 이 효를 얻으
면 신중하라.

---

* 육오는 양의 자리에 음효가 와서 정위(正位)는 아니나 상괘의 가운데에 위치하
여 중(中)을 이루었다.

22 산화비(山火賁)

비괘의 상

　키워드 아름답게 꾸밈.

괘사(卦辭)

"비(賁)는 형통하니, 가는 바를 두는 것이 조금 이롭다."

풀이

'비(賁)괘'가 나오면 장식하고 잘 꾸며서 아름다움을 의미하는 반면, 장식하여 꾸밀 것을 의미하기도 한다. 꾸민다는 것은 외적인 것이 될 수도 있지만 내적으로는 용기나 자신감, 관용 등과 같은 것들로 자신을 잘 꾸미는 것을 의미하기도 한다. 한편으로 비(賁)는 '꾸민다, 장식한다'는 뜻이니, 감언이설을 주의해야 하는 괘이기도 하다. 비괘는 작은 일에는 길하다. 또한 아름답게 꾸미는 속성으로 인해 예술이나 예능 방면 등 화려한 일에 길하다.

초효(初爻)

　효사

"초구(初九)는 발을 꾸밈이니, 수레를 버리고 걷는다."

풀이

정도(正道)를 지키기 위해 멀리 돌아가더라도 정도를 따르는 상이다. 점을 해서 이 효를 얻으면 '멀리 보고 일을 도모하라'는 의미로 보면 된다. 한편으로, '수레를 버린다'는 면에서 '세상에 나가지 않음(불출(不出))'을 의미하기도 한다. 명리를 구하지 않는 것이다. 또한 일상에서 점을 해서 이 효를 얻으면 쉴 틈 없이 바쁨을 의미하기도 한다. 몸이 고된 효다.

이효(二爻)

> **효사**

"육이(六二)는 그 수염을 꾸민다."

> **풀이**

자신의 수염을 꾸미는 것은 위(구삼)와 함께 서로 꾸미고, 더불어 일어나기 위함이다. 조력자를 얻어 함께 영달하는 점이다.

삼효(三爻)

> **효사**

"구삼(九三)은 꾸밈이 윤이 나니, 길이 바르게 함이 길하다."

> **풀이**

양쪽(육이, 육사의 두 음효)에서 잘 꾸며 주어 윤이 나는 상이다. 주변에서 도움을 주는 상이나 길이 바름을 지켜야 길한 점이다.

사효(四爻)

> **효사**

"육사(六四)는 꾸밈이 희며, 흰 말이 나는 듯하니 도적이 아니면 혼인(구삼)을 구한다."

처음에는 막히고 의심하나 결국엔 뜻을 이루게 되는 점이다. 구삼이 육사에게 같이 꾸밀 것을 청하나, 육사는 본래 그대로 꾸미며 원래 제 짝인 초구에게로 날듯이 달려가는 것이니 결국 잘 꾸미게 되는 효다.

오효(五爻)

효사

"육오(六五)는 동산(언덕, 정원)에서 꾸미나 묶인 비단(예물)이 작아 부끄럽지만 결국 길하다."

풀이

정원을 아름답게 꾸미는 상이다. 여러 곳에서 공경의 뜻으로 보내온 물건이 정원에 가득 쌓이나 예단이 검소하니 욕보지만(인색한 듯하지만) 마침내는 기뻐하니(경사가 있으니), 길한 점이다. 이 효를 얻으면 인색함이 있지만 타인으로부터 어느 정도 인정을 받는 격으로, 결국 아름답게 꾸밈을 받는 것과 같으니 길하다고 본다.

상효(上爻)

효사

"상구(上九)는 희게 꾸미면(소박하게 꾸미면) 허물이 없다."

풀이

희게(순수하고 소박하게) 행하면 허물이 없을 거라고 조언하는 점이다. 이 효를 얻은 이는 과도하게(거짓되게) 꾸미려 하지 말고 사심 없이 본심 그대로(희고 깨끗하게) 행해야 한다. 일의 성패를 두고 점을 해서 이 효를 얻으면, 거짓됨 없이 순수하게 나아가면 이룬다고 보면 된다.

23 산지박(山地剝)

박괘의 상

키워드 깎임의 시기

괘사(卦辭)

"박(剝)은 가는 바를 두면(함부로 가면) 이롭지 않다."

풀이

'박(剝)괘'가 나오면 깎여 해지는 때에 해당하니, 함부로 움직이지(나아가지) 말 것을 의미한다. 박은 '깎다'의 의미다. 이 괘를 얻은 이는 준비가 됐다 하더라도 일을 함부로 도모해서는 안 된다. 이런 때는 잘 관망하며 때를 기다림이 좋다. 현실에 순응하여 신중히 처신하면서 수양을 쌓으라.

초효(初爻)

효사

"초육(初六)은 평상을 깎되 다리부터 하니, 바름을 멸하면 흉하다."

풀이

평상의 다리부터 깎이는 격이니, 상황이 좋지 않음을 의미함과 동시에 정도를 벗어나면 흉하다고 경고하는 점이다.

이효(二爻)

효사

"육이(六二)는 평상을 깎되 평상의 머리까지 이르니, 바름을 멸하여 흉하다."

풀이

평상을 깎아 평상이 훼손된 격으로, 정도를 벗어나니 흉한 점괘다. 일을 도모해서는 안 된다.

삼효(三爻)

효사

"육삼(六三)은 깎이는 때에 허물이 없다."

풀이

소인들이 군자를 해치는 시기에 주변과는 무관하게 홀로 바름을 따르는 상이다. 잘못(병(病))이 있어 고친다면 허물이 없는 법이다.

사효(四爻)

효사

"육사(六四)는 평상을 깎되 살갗에 이르니, 흉하다."

풀이

재앙이 닥치는 효로, 흉한 점이다.

오효(五爻)

효사

"육오(六五)는 물고기를 꿰듯이 하여 (임금에게=상구) 궁인이 총애를 받으면 이롭지 않음이 없다."

풀이

음인*들을 선함으로 잘 통솔하면(솔선수범) 그들이 심복하니, 그리되면 상구(하느님, 윗사람)의 총애를 받게 되어 이롭지 않음이 없는 점이다. 상구의 총애를 받고 아래 효들의 지지를 받는다. 이는 허물을 고쳐 선을 따르면 그로써 복을 받는다는 것이다.

상효(上爻)

효사

"상구(上九)는 큰 과실은 먹지 않으니, 군자는 수레를 얻고 소인은 집을 깎는다."

풀이

소인들이 다 깎아 없애는 때에 군자(상구)가 덕과 지혜로 많은 이들을 인도하는 상이다. 군자는 세상(사람, 하늘)의 지지를 받아 지위를 얻을 것이나 그렇지 못한 소인은 세상이 인정하지 않을 것이다.

---

* '음인'은 원래 여인이나 소인을 의미하는 것이나, 크게 보면 소인과 아이, 자기보다 못해 보이는 사람이나 아랫사람 할 것 없이 모든 이들을 통칭한다고 봐도 무방하다. 좀 더 정확하게는 때때로 정도에서 벗어나거나 헤매는 이들을 가리킨다.

24 지뢰복(地雷復)

복괘의 상

키워드 돌아옴, 회복

괘사(卦辭)

"복(復)은 형통하니, 들어오고 나감에 병이 없어서 벗이 와야 허물이 없다. 그 도가 7일 만에 와서 회복하니, 가는 바를 둠(나아감)이 이롭다."

풀이

'복(復)괘'가 나오면 봄이 다시 돌아오는 것이니 형통하다고 보면 된다. 복(復)은 '돌아오다, 회복하다'의 뜻이다. 과거의 실패를 되돌릴 수 있는 운이다. 복괘는 따뜻한 양(맨 아래에 위치한 초효)의 기운이 이제 막 성장하는 것이다. 고난의 계절이 가고 화락한 계절이 다시 돌아오는 것을 상징하니, 새로 출발하는 것을 의미한다.

초효(初爻)

효사

"초구(初九)는 멀리 가지 않고 회복함이니, 후회에 이르지 않아 크게 길하다."

풀이

멀리 벗어나기 전에 자신을 돌아보고 다시 바른길로 회복하는 상이다. 후회에 이르지 않으니 크게 길하다. 정도를 걷는다면 만사에 길하다.

이효(二爻)

"육이(六二)는 아름답게 회복함이니, 길하다."

아름다운 회복의 상이니, 길한 점이다. 정도로 돌아오니 다른 사람(하늘)의 도움으로 일이 회복되고 좋아진다. 여기의 효사들은 정신적인 의미(내면)를 상당 부분 내포하고 있으니 아울러 보면 될 것이다.

삼효(三爻)

"육삼(六三)은 자주 회복함이니, 위태로우나 허물은 없다."

자주 회복했다가 또 자주 잃게 되어 안정을 이루지 못하는 상이다. 그러나 어긋났다가 다시 또 회복(노력)하는 것이니, 위태로우나 허물은 없는 점이다.

사효(四爻)

"육사(六四)는 음의 가운데 행하되 홀로 회복한다."

혼탁함 속에서도 홀로 바른길을 좇는 상이다. 홀로 바름을 회복하려는 모습이니, 잘하는 일이다.

오효(五爻)

효사

"육오(六五)는 돈독하게 회복함이니, 후회가 없다."

풀이

돈독(성실)한 마음으로 바른길로 회복하는 상이다. 스스로 돌이켜 반성하여 정도로 돌아오니 후회가 없다. 이 효는 좋기는 하나, 형통하거나 길한 점이라기보다는 바른길로 돌아오니 후회가 없는 점이다. 따라서 일을 도모함을 두고 점을 해서 이 효를 얻으면 무조건 성사된다고 보긴 어려우니 체용 간의 생극을 살펴야 한다.

상효(上爻)

효사

"상육(上六)은 혼미하게 회복함이니, 흉하고 재앙이 있어서 군사를 동원함에 쓰면 결국 크게 패하고, 그 나라로 보면 군주는 흉하게 되어 10년이 이르도록 나아갈 수 없다."

풀이

바른길로 회복을 해야 하는데 혼미한 회복이니, 재앙을 부르는 상이다. 성은 허물어져 빈 터가 되고, 전쟁을 일으키면 패망한다. 도(道)에 혼미하여 (바른길로) 회복하지 못하면 어떤 일을 행해도 좋을 수 없다.

25 천뢰무망[天雷无妄]

무망괘의 상

키워드 화를 경계함, 경거망동하지 않음.

괘사(卦辭)

"무망(无妄)은 크게 형통하고 바르게 함이 이로우니, 바르지 않으면 재앙이 있고 가는 바를 두면(함부로 가면) 이롭지 않다."

풀이

'무망(无妄)괘'가 나오면 삼가서 화(禍)를 막아야 함을 의미한다. 망(妄)은 '경거망동하지 않음'을 의미한다. 오직 정당한 방법으로 진실하고 성실하게 나아가야 한다. 무망은 지성한 하늘의 도이므로 올바르지 않으면 재앙이 있다고 경고하고 있다. 모든 일을 자연에 맡기면서 정도로써 노력해 나가야 하는 상이다. 그러면 형통함에 이를 것이다.

초효(初爻)

효사

"초구(初九)는 무망이니(거짓됨이 없으니), 가면 길하다."

풀이

진실된 마음으로 나아가니 길한 상이다. 도로써 행하면 가서 바라는 뜻을 성취하게 된다.

이효(二爻)

효사

"육이(六二)는 밭을 갈지도 않았는데 거두고, 개간하지도 않았는데 옥토가 되니, 가는 바를 둠이 이롭다."

풀이

이루려고 하는 욕심이 없어도 이루게 되는 상이다. 삿된 꾀함이 없으므로 하늘이 도와 얻는 것이다. 길한 점이다.

삼효(三爻)

효사

"육삼(六三)은 무망의 재앙이니, 혹 매어 놓은 소를 행인이 끌고 가니 고을 사람에게는 재앙이다."

풀이

생각지 않은 뜻밖의 재앙이 생기는 상이니, 처세를 삼가야 함을 경고하는 점이다. 소 끌고 간 사람이 따로 있는데, 애매하게 당하는 사람이 따로 있는 형국이다.

사효(四爻)

효사

"구사(九四)는 바르게 하니 허물이 없다."

풀이

이 효를 얻은 이는 올바를 수 있는 자니, 허물이 없는 점이다. 늘 정도로써 뜻을 삼으면 좋다.

오효(五爻)

"구오(九五)는 무망의 병은 약을 쓰지 않으면 기쁨이 있다."

마치 병에 걸린 격이나 약으로 치유할 수 있는 병이 아니니, 약을 쓰
지 않으면 기쁨이 있는 상이다. 그대로 자연에 맡겨 두면 저절로 치유된
다는 것이다. 이는 가만히 두면 일이 잘 해결된다고 보면 된다.

상효(上爻)

"상구(上九)는 무망하니, 더 나아가면 재앙이 있어 이로울 바가 없
다."

더 나아가면 재앙이 있어 이로울 바가 없는 상이다. 그것으로 됐으니
멈추라는 뜻이다.

26 산천대축(山天大畜)

대축괘의 상

키워드 크게 축적함, 크게 기름.

괘사(卦辭)

"대축(大畜)은 바르게 함이 이롭고 집에서 먹지 않으면 길하니, 큰 강을 건넘이 이롭다."

풀이

'대축(大畜)괘'가 나오면 지금은 크게 기르는(축적하는) 과정에 있으나 머잖아 일이 반드시 크게 길함을 약속하는 괘다. 대축은 '크게 축적한다, 크게 기른다'는 뜻이다. 대축괘는 큰 수확과 축적을 상징하는 괘로, 대길한 괘다. 이 괘를 얻은 이는 장차 크게 될 능력을 가지고 있다. 해서 때가 되면 크게 나아갈 수 있다. 비유하면 지금은 용이 하늘로 승천하기 위해 여의주를 만드는 시기에 해당한다. 따라서 길할 것이 틀림없으나 그렇게 되기 위해 지금은 좀 더 준비를 해야 함을 의미한다. 현재에 충실하며 승천의 때를 기다린다.

초효(初爻)

효사

"초구(初九)는 위태로움이 있으니 그치는 것이 이롭다."

위태함이 있으니 제자리에 그쳐 있어야 이로운 상이다. 가만히 있으면 재앙을 면하게 된다.

이효(二爻)

"구이(九二)는 수레의 바큇살을 벗긴다."

나아갈 때가 아님을 알고 스스로 경계하여 무모하게 나아가지 않는 상이다. 중(中)*을 지킴으로써 바큇살이 빠진 수레처럼 전진하지 않으면 허물이 없다.

삼효(三爻)

"구삼(九三)은 준마가 달리는 것이나 어려움을 알아서 바르게 함이 이로우니, 날마다 수레 타는 것과 호위하는 것을 익혀 나가면 가는 바를 둠이 이롭다."

좋은 말과 같이 잘 뛸 수 있지만 날로 배우고 익혀서 나아가야 이로운 상이다. 어려움을 알아 바르게 하며, 조바심을 버리고 평소에 실력을 쌓으면 나아갈 바가 있어 이롭다는 말이다. 부단한 노력으로 실력을 쌓으면 위(상구, 귀인, 하늘)에서 이끌어 주어 길하다.

---

* 구이는 하괘의 가운데에 자리하여 중(中)을 얻었다.

사효(四爻)

"육사(六四)는 송아지의 우리를 치니, 크게 길하다."

화를 미리 방비하니, 크게 길한 상이다. 어려운 일이 있더라도 어린 송아지를 유순히 인도하듯 지혜롭게 나아가면 길하다.

오효(五爻)

"육오(六五)는 거세당한 멧돼지의 이빨이니, 길하다."

멧돼지의 날카로운 이빨을 힘으로 제지하지 않으면서도 그 근심을 제거하는 상이다. 강한 상대를 힘으로 대하지 않고 지혜를 써서 그 기세를 꺾는 것과도 같다. 몽매한 이들을 바른길로 인도하고 교화하는 점이다. 무력을 쓰지 않고 악을 막으니 지혜로운 일이다.

상효(上爻)

"상구(上九)는 하늘의 길이니(하늘의 도가 크게 행하여지니), 형통하다."

하늘의 길이 펼쳐지듯 도를 크게 행하는 상이다. 하늘의 도가 천하에 크게 행해지는 것이다. 이는 성인의 경지와도 같으니, 만사형통한다. 이것이 바로 대축의 최종 결과인 셈이다.

27 산뢰이 (山雷頤)

이괘의 상

키워드 기름.

괘사(卦辭)

"이(頤)는 바르면 길하니, 기르는 도(道)를 보아 스스로 음식을 구한다."

풀이

'이(頤)괘'가 나오면 스스로를 길러서 바른 도를 지키는 것을 의미한다. 몸을 기르고 정신을 기르는 괘다. 이(頤)괘는 턱의 상이므로 말을 신중히 하고, 음식을 절제해야 한다. 이괘는 길러서 쓰는 상이므로 현재는 아니지만 뒤에는 성운(盛運)이 된다. 자신이 나아갈 바를 잘 생각해서 스스로를 기르며 바르게 노력해 나가야 한다.

초효(初爻)

효사

"초구(初九)는 너의 신령한 거북을 버리고 나를 보고서 턱을 늘어뜨리니, 흉하다."

풀이

자신에게 능력이 있음에도 타인에게 의존하니, 흉한 상이다. 자기 자신만 신경을 쓰니 흉한 것이다.

이효(二爻)

효사

"육이(六二)는 뒤집힌 기름(초구)이라 상도에 어긋나니, 언덕(상구)에 서 기름을 구하여 가면 흉하다."

풀이

바르게 처신하며 때를 기다려야 함에도 망동하여 나아가면 주변 사람을 잃는 상이다. 타인에게 의존하고 이것도 저것도 탐내는 것이니, 대체로 구하는 바를 얻을 수 없다.

삼효(三爻)

효사

"육삼(六三)은 기름의 바른 도에 어긋나니, 흉하여 10년이 되어도 쓰이지 못하니 이로울 바가 없다."

풀이

오직 정도로써 행해야 함에도 도리에 어긋나 흉해서 결국 쓰이지 못하니, 이는 이로운 바가 없는 점이다. 이는 부정(不正)을 경계하는 점이다.

사효(四爻)

효사

"육사(六四)는 뒤집힌 기름(초구)이지만 길하니 호랑이가 노려보듯(호시탐탐) 하며, 그 하고자 하는 것을 분주히 좇으면 허물이 없다."

아랫사람을 대함에 위엄스럽게 바라보듯이 하고, 자신이 바라는 것을 분주히 노력해 나가면 허물이 없는 상이다. 모든 일에 있어 시작부터 착실히 다져 나가면 좋은 결과를 얻는다.

오효(五爻)

효사

"육오(六五)는 상도에 어긋나나 바름에 거하면 길하지만, 큰 강을 건너서는 안 된다."

풀이

자신의 능력을 알아 바르게 처신하며 위(상구, 능력자, 하늘)를 따르면 뜻하는 바를 이루어 길한 상이다. 그러나 큰일을 벌여서는 안 된다.

상효(上爻)

효사

"상구(上九)는 자신으로 인해 길러지니, 위태롭게 여기면 길하고 큰 강을 건넘이 이롭다."

풀이

세상이 자신으로 인해 길러지는 상이니, 항상 위태로운 마음을 지녀야 함을 말하고 있다. 세상을 위해 큰일을 해 낸다.

28 택풍대과 (澤風大過)

대과괘의 상

키워드 크게 지나침, 큰 과오

괘사(卦辭)

"대과(大過)는 들보 기둥이 휘어짐이니, 가는 바를 둠이 이롭고 형통하다."

풀이

'대과(大過)괘'가 나오면 모든 일이 정도를 지나치고 있으니 나아가 바로잡으라는 의미다. 대과는 '크게 지나치다, 큰 과오'라는 뜻이다. 대과괘는 모든 일이 정도를 지나치고 있는 상이다. 대과는 균형을 잃은 것이니 위기에 처한 형국이다. 얻은 이는 깊이 생각한 후 움직여야 한다. 대과괘는 과여불급이나 이효, 삼효, 사효, 오효가 양의 군자이므로 난국에 맞서 나아가 극복할 수 있는 힘이 있다.

초효(初爻)

효사

"초육(初六)은 흰 띠 깔개로 자리를 펴니, 허물이 없다."

풀이

공경과 정성의 상이니, 이러한 자세로 신중히 나아가면 허물이 없게 된다. 대과의 어려운 때에 정성과 공경하는 마음으로 지내면 허물이 없다.

이효(二爻)

> 효사

"구이(九二)는 마른 버드나무에 새싹(뿌리)이 나듯 늙은 남자가 젊은 아내(초육)를 얻으니, 이롭지 않음이 없다."

> 풀이

늙은 남자가 젊은 아내를 얻는 격이니, 마른 나무에 새로운 뿌리가 나는 상이다. 고목에 새로운 뿌리가 생기는 것이니, 어려움이 지나고 길운으로 전환되는 것이다.

삼효(三爻)

> 효사

"구삼(九三)은 들보 기둥이 휘어짐이니, 흉하다."

> 풀이

건물의 기둥이 휘어지듯 지나침이 과도한 상이다. 들보 기둥이 휘어질 정도니 흉함을 알 수 있다.

사효(四爻)

> 효사

"구사(九四)는 들보 기둥이 높아지는 것이니 길하나, 다른 마음을 가지면 부끄럽다."

> 풀이

아래로 신념을 굽히지 않아서 길한 상이다. 그러나 강직하지 못하고 사심(두 마음)을 가지면 부끄러우니 경계할 일이다. 아래(초육, 사심, 욕심, 부정)에 마음을 두지 말고, 위(구오, 정도)를 따라라.

오효(五爻)

효사

"구오(九五)는 마른 버드나무가 꽃을 피우듯 늙은 여자(상육)가 젊은 남편(구오)을 얻으니, 허물도 없지만 영예도 없다."

풀이

마른 나무에 잠시 꽃피는 격으로, 늙은 여자가 젊은 남편을 얻는 상이니 꼴은 사나우나 허물될 것도 없고, 영예스러울 것도 없는 점이다.

상효(上爻)

효사

"상육(上六)은 지나치게 건너다가 이마까지 빠져 흉하니 탓할 곳이 없다."

풀이

물을 건너다가 머리까지 빠진 격이니, 나침이 과도한 상이다. 자신의 분수를 모르고 험난함을 건너다 이마까지 빠지는 화를 입는 것이다. 자신의 탓으로 지나침에 이르니, 신을 돌아봐야 하는 점이다. 뭐든 지나침(대과)에 이르는 점이다.

29 중수감 [重水坎]

감괘의 상

키워드 구덩이, 위험. 4대 난괘 중 하나

괘사(卦辭)

"습감(習坎)은 믿음이 있어서 오직 마음이 형통하니 나아가면 가상함
이 있다."

풀이

'감(坎)괘'가 나오면 험난함을 의미하니, 오직 진실한 믿음을 지니면
가상함이 있음을 말하고 있다. 습감(習坎)은 험난이 겹치는 상태를 상징
한다. 나아가나 물러가나 모두 힘드니 어려울 때다. 그러나 감괘는 태양
(가운데의 양효)을 품은 달에 비유할 수 있으니, 어려움을 맞아 성의를 변
치 않으면 되레 기쁨으로 역전하는 상이 있다. 침체기에 해당하는 이때
는 새로운 일을 벌이지 말고 마음을 곧게 하여 수양에 힘써야 한다. 그
러나 감괘의 가운데 있는 양효가 빛나는 정신을 상징하므로 종교나
학자와 같이 정신 계통의 종사자에게는 좋은 괘다.

초효(初爻)

효사

"초육(初六)은 거듭된 위험에서 더욱 깊은 구덩이로 들어가니, 흉하다."

풀이

험함 속에서 더욱 깊은 구덩이로 들어가는 격이니 흉한 점이다. 이때에는 자신을 돌아보고 길이 아니면 가지 않아야 한다.

이효(二爻)

> **효사**

"구이(九二)는 감(坎, 구덩이)의 위험이 있으나 구하면 조금은 얻는다."

> **풀이**

험난한 위험이 있지만 노력하면 길이 조금 열리는 상이다. 비록 험하기는 하나 구하면 스스로를 보전할 수는 있는 점이다.

삼효(三爻)

> **효사**

"육삼(六三)은 오고감에 감감(坎坎)*이라 위험한데 더 깊은 구덩이로 들어가니, 쓰지 말라."

> **풀이**

험난한 구덩이에 빠져 오도 가도 못하는 상이다. 이때는 몸부림치지 말고 그저 공손하게 하늘에 맡기고 자신을 돌아보며 마음을 수양하는 것이 좋다. 함부로 행동해서는 안 된다. 조용히 제 분수를 지키고 가만히 있어라.

---

* '감감(坎坎)'은 구덩이와 구덩이, 험난함과 험난함, 위험의 위험을 뜻한다.

사효(四爻)

효사

"육사(六四)는 술 한 동이와 안주 두 그릇을 질그릇에 담고 (성심을 다하여) 간소하고 정성되게 바치되, 창문으로부터 하면 결국 허물이 없다."

풀이

감(坎)의 때를 맞아 성심(간소, 경건, 정성)을 다하여 나아가면 마침내 허물이 없는 상이다.

오효(五爻)

효사

"구오(九五)는 감(坎)이 가득 차지 않았으니 평평함에 이르면 허물이 없다."

풀이

험난의 상태가 극점에 이르지 않고 다만 이미 평온에 이른 상이니, 허물이 없는 점이다. 이것은 구오가 중정(中正)*으로써 행하기 때문이다. 중정한 구오는 이미 평평함에 이른 상황으로 보면 되니, 이는 감의 도를 얻었기 때문이다.

상효(上爻)

효사

"상육(上六)은 끈으로 결박하여 가시덩굴에 갇혀 3년이 지나도 면하

---

* 양효의 자리에 양효인 구오가 왔으니 정위(正位)를 이루었고, 상괘의 가운데에 위치했으니 중(中)을 이루어서 구오는 중정(中正)을 얻은 것이다.

지 못하니, 흉하다."

풀이

구덩이에 깊이 들어간 것이니, 그 흉이 3년에 이르는 상이다. 이는 감의 도를 잃었기 때문이니, 아무리 지혜를 짜내도 벗어날 방법은 없다. 이때는 에고의 욕심을 버리고 자신을 철저히 돌아보는 기회로 삼아야 할 것이다.

30 중화리 [重火離]

리괘의 상

키워드 붙어 의지함, 아름다움

괘사(卦辭)

"이(離)는 바르게 함이 이롭고 형통하니, 암소를 기르듯 하면 길하다."

풀이

'이(離)괘'가 나오면 바르게 붙어 의지하라(사람이든 사물이든 신념이든 하늘이든)는 의미가 되는데, 부드러운 마음을 지니고 바른길을 걸어야 이롭고 형통함을 의미한다. 이(離)에는 붙어 의지함을 의미한다. '붙어 의지한다'는 것은 안 좋은 상황에서는 무엇에든 바르게 붙어 의지해야만 불과도 같은 밝은 이괘에 이른다는 것이다. 또 '걸린다(걸릴 리)'는 의미의 리(離)에는 하늘에 걸려 있는 태양의 밝음이 내포돼 있어, 리괘는 성질이 불과 같으므로 암소 같은 부드러운 마음을 지니고 바른길을 걸어야 이롭고 형통하다.

초효(初爻)

효사

"초구(初九)는 딛는 발길이 어지러우니(혼란스러움) 신중하면 허물이 없다."

딛는 발길이 어지러워 혼란스러운 상이다. 이럴 때 삼가고 신중하게 대처해 나가면 허물을 면하니, 함부로 움직이지(나아가지) 않는다.

이효(二爻)

효사

"육이(六二)는 황색(중도(中正)의 도)에 달라붙으니(의지하니), 크게 길하다."

풀이

중정*의 도를 이루어 빛나니, 크게 길한 점이다. 매사 중도로써 행하니 걱정이 없고, 크게 길하다.

삼효(三爻)

효사

"구삼(九三)은 기운 해가 하늘에 걸려 있음이니, 장구를 치며 노래하지 않는다면 늙음을 서글퍼하는 것이니 흉하다."

풀이

해가 기울어지는 황혼의 상이 있다. 기울어지는 황혼의 빛은 오래갈 수 없다. 현명한 자라면 빛이 사라질 때를 대비케 하고 자신은 물러날 준비를 할 것이다. 이렇게 이치를 따른다면 흉할 리가 없다. 이 효를 얻으면 마음을 편히 하고 일선에서 물러나야 흉함을 피할 수 있다. 혼인점에서 이 효를 얻으면 결혼한다 해도 오래가지는 못할 거라

---

* 육이는 음의 자리에 음효가 와서 정위(正位)를 이루었고, 하괘의 가운데 위치하여 중(中)을 이루었으니 중정(中正)의 도를 행하는 것이다.

고 본다.

사효(四爻)

"구사(九四)는 갑자기 오는 것이다. 불타오르며 죽게 되고 버림을 받는다."

갑작스런 변고가 있는 상이다. 조심하고 또 조심해야 한다.

오효(五爻)

"육오(六五)는 눈물을 줄줄 흘리며 슬퍼하고 슬퍼하니, 길하다."

군주의 지위에서 눈물을 줄줄 흘리고 슬퍼하며 자신을 돌아보는 것이니, 길하다. 일상의 일에서 점을 해서 이 효를 얻으면 스스로를 돌아보는 계기를 맞는다고 보면 된다. 자신을 돌아보고 점검하는 것이니 결국 길한 점이다.

상효(上爻)

"상구(上九)는 왕이 출정하면 아름다움이 있으리니, 괴수의 머리를 자르고 잡아들이는 것이 그 무리가 아니라면 허물이 없다."

나라를 바로잡기 위해 왕이 군사를 이끌고 전쟁에 나가 괴수를 죽이는 아름다운 상이다. 위엄을 떨치나 그 힘이 도를 넘지 않으니 허물이 없다. 점을 해서 이 효를 얻으면 일반적으로도 좋으나, 공익적인 일이라면 세상을 안정시켜 아름다운 세상을 만드는 효라고 보면 된다.

31 택산함 (澤山咸)

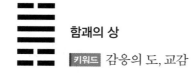

함괘의 상

키워드 감응의 도, 교감

괘사(卦辭)

"함(咸)은 형통하니 바르게 함이 이롭고, 여자를 취하면 길하다."

> **풀이**

'함(咸)괘'는 감응(感應)의 도(道)를 나타낸다. 함(咸)은 '서로 느낌, 신속하게 감응함'을 의미한다. 음과 양이 자연의 순리대로 화합하는 때에 해당한다. 결혼이나 연애점에서 함(咸)괘를 얻으면 신속하게 감응하니 순조롭게 진행된다고 보면 되고, 사업운이나 일을 도모함에 있어 함괘를 얻으면 감응의 도니 역시 잘 진행된다고 보면 된다.

초효(初爻)

> **효사**

"초육(初六)은 엄지발가락에서 감응한다."

> **풀이**

미미한 감응의 상이다. 감응의 도가 미미한 것으로 보면, 관계나 일에 있어서 큰 감응을 뜻하는 게 아님을 알 수 있다. 한편, 관계나 일에 있어서도 이제 막 시작하는 상태로 보면 된다.

이효(二爻)

> **효사**

"육이(六二)는 장딴지에서 감응하면 흉하고, 머물면 길하다."

> **풀이**

움직이면 흉하고, 그 자리에 머물러 있으면 길한 점이다. 이는 도리를 따르면 해가 없다는 뜻이니, 이 효를 얻으면 동요치 말고 가만히 있어야 한다.

삼효(三爻)

> **효사**

"구삼(九三)은 넓적다리에서 감응한다. 고집스럽게 따라가니, 가면 부끄럽다."

> **풀이**

남에게 집착하고 따르는 것을 고집하니, 가면 부끄러운 상이다. 도리에 따라야 한다.

사효(四爻)

> **효사**

"구사(九四)는 바르게 하면 길하여 후회가 없어진다. 자주자주 왕래하면 벗만이 너의 뜻을 따른다."

> **풀이**

사람들과의 왕래를 끊임없이 하는 상으로, 상대의 뜻을 얻는 점이다. 그러나 사사로움으로 감응하니 벗의 뜻을 얻을 수 있을 뿐이다(공적인 일이나 큰일은 하기 어렵다.). 바르게 감응하면 길하여 후회가 없다.

오효(五爻)

"구오(九五)는 등살에 감응하니 후회는 없다."

자신에게 있는 사사로움을 버리니 후회가 없는 점이다. 욕심이 없다. 사사로움을 뒤로하고 천하를 상대로 감응하니, 후회가 없어지고 그 뜻도 두루 통하게 되는 것이다. 군주의 사랑이 만민에게 미치는 격이다.

상효(上爻)

"상육(上六)은 잇몸 뼈와 볼과 혀에 감응한다."

볼과 혀로 감응한다. 볼과 혀로 감응함은 말만 있을 뿐 진심이 없음을 의미한다. 이는 형식만 남은 것과도 같다. 상육은 감응이 도를 상실한 것이다. 이 효를 얻으면 형식적이고 불필요한 말과 행동을 삼가야 한다.

32 뇌풍항[雷風恒]

항괘의 상

키워드 지속함, 항상심

괘사(卦辭)

"항(恒)은 형통하여 허물이 없으니 바르게 함이 이롭고, 가는 바를 둠 (나아감)이 이롭다."

풀이

'항(恒)괘'가 나오면 한결같이 그 도를 지켜 변함이 없을 것을 가르친 다. 항(恒)은 '지속하다, 항상하다'의 뜻이다. 항(恒)괘는 부부의 바른 도 에 부합한다. 한결같이 그 도를 지켜 변함이 없으면 좋은 괘다. 정도(正 道)를 지켜 항구하게 변함없이 나아가면 만사가 순조로울 상이다. 공자 는 이 괘를 보고, "자기가 서 있는 입장을 바꾸지 말라."고 하였다. 일관 성 있게 일을 추진해 나가고, 한길을 계속 가라. 마음에 항상심을 품어 야 모든 일이 오래갈 수 있는 법이다.

초효(初爻)

효사

"초구(初九)는 항(恒)을 깊이(지나치게) 요구하는 것이다. 고집해서 흉 하니 이로울 바가 없다."

구하고 바라는 것이 조급하고 지나쳐 흉하다. 만사가 무르익을 때가 있음에 때에 맞지 않게 과도하게 바라면 어떤 일을 해도 이롭지 않다.

이효(二爻)

"구이(九二)는 후회가 없어진다."

그대로 나아가면 후회가 없는 상이다. 하고자 하는 바가 있거나 이미 해 온 바가 있다면 그대로 나아가면 후회될 게 없으니 좋다는 뜻이다.

삼효(三爻)

"구삼(九三)은 그 덕을 항상 하지 못하면 간혹 부끄러움을 당할 것이니, 계속 고집하면 인색하다."

자신의 덕을 항상 하게 지켜 나가지 못하므로 간혹 수치로 이어지는 것을 경계한 점이다.

사효(四爻)

"구사(九四)는 사냥을 나가지만 잡은 짐승이 없다."

사냥은 했지만 잡은 짐승이 없으므로 노력은 하는데 이룸은 없다고 보면 된다.

오효(五爻)

효사

"육오(六五)는 그 덕을 항상 하면 바르니, 부인은 길하고 장부는 흉하다."

풀이

변화할 줄 모르고 그 덕을 항상 하게 지속하는 것은 여인의 경우라면 길하지만, 장부의 경우는 흉하다는 것을 경고한 점이다. 장부라면 상황에 따라서 적절하게 대응하는 것이 되레 항상성을 유지하는 것임을 알아야 한다.

상효(上爻)

효사

"상육(上六)은 항상 함이 흔들리니, 흉하다."

풀이

항상 함이 동요하니 흉한 상이다. 이는 계속해서 흔들리는 것이다. 그대로는 매사 이룰 수 있는 것이 없다. 자신을 돌아보고 항상 함을 지켜 나가야 한다.

33 천산둔(天山遯)

둔괘의 상

키워드 물러나 숨는 도(道)

괘사(卦辭)

"둔(遯)은 형통하니, 조금이라도 바르게 함이 이롭다."

풀이

'둔(遯)괘'가 나오면 은둔, 혹은 물러나라는 의미로 보면 된다. 둔(遯)괘는 물러나 숨는 도를 알려 주고 있다. 물러나 숨어 진퇴의 시기를 가늠해야 하는 이치를 일깨워 주는 괘다. 둔(遯)은 '떠나다, 물러나 숨다'의 의미다. 소인들이 넘쳐나는 세상을 피해 숨어 사는 것이 좋은 괘다. 물러나 숨는 이치가 주는 값이 있으리니 그것이 공부다.

초효(初爻)

효사

"초육(初六)은 꼬리를 숨기는 형국(둔미(遯尾))이라 위태로우니 가는 바를 두지 말아야 한다."

풀이

짐승이 꼬리를 숨기는 형국이라 위태로우니, 갈 바를 두지 말고 조용히 기다리면 재앙을 면하는 점이다. 무엇을 해 보겠다고 나서지 않으면 재앙이 없다.

이효(二爻)

효사

"육이(六二)는 황소의 가죽으로 잡아매니, 풀 수가 없다."

풀이

어떠한 일이 있어도 은둔하지 않으려는(지키려는) 의지를 피력하는 점이다. 이는 당면한 세상을 피하지 않고 맞서려는 뜻을 견고하게 하는 것이다. 둔괘라고 해서 무조건 숨는 것이 능사가 아님을 알려 주고 있다.

삼효(三爻)

효사

"구삼(九三)은 매어 있는 은둔이라 병이 있어 위태로우니, 신하와 첩을 기르는 것은 길하다."

풀이

세상사에 얽매여 자유롭게 물러나지 못하는 점이다. 얽매임으로 인해 큰일은 하기 어렵다. 그저 작은 일에 행복을 느끼며 살아갈밖에. 한편으로는 비록 은둔의 시대지만 은둔(물러남)하지 말고 신하와 처자를 잘 길러야 한다는 뜻이기도 하다. 물론 큰일 하기는 어렵다.

사효(四爻)

효사

"구사(九四)는 좋아하면서도 은둔함이니, 군자는 길하고 소인은 그렇지 않다."

좋아하면서도 물러나면 길하고, 물러나지 않으면 흉한 점이다. 군자는 좋은 일에도 매이지 않으니, 군자는 길하고 소인은 막힌다.

오효(五爻)

"구오(九五)는 아름다운 은둔이니, 바르게 해서 길하다."

적절한 때에 아름답게 물러나는 상으로, 바름을 지켜서 길한 점이다. 그 뜻을 바르게 하니, 길하고 아름다운 일이다. 일의 진퇴나 성패를 놓고 점을 해서 이 효를 얻었다고 해서 물러나는 것이 길하다고 보는 건 아니다. 구오처럼 중정의 도*를 지키는 사람이어야만 인생의 아름다운 경지에 도달할 수 있다는 것이다.

상효(上爻)

"상구(上九)는 여유로운 은둔이니, 이롭지 않음이 없다."

얽매이는 바 없이 물러남이 여유로우니 이롭지 않음이 없는 상이다. 상구 또한 구오와 마찬가지로 일의 진퇴나 성패를 놓고 점을 해서 이 효를 얻었다고 물러나는 것이 길하다고 보는 건 아니다. 상구처럼 얽매임 없이 여유롭게 처신하는 자라야 이롭지 않음이 없다는 것이다.

---

* 구오는 양의 자리에 양효가 와서 정위(正位)에 해당하고, 상괘의 가운데에 자리하여 중(中)을 얻었으므로 중정의 도를 지키는 자다.

34 뇌천대장(雷天大壯)

대장괘의 상

키워드 강성함, 흥성함, 자제함.

괘사(卦辭)

"대장(大壯)은 바르게 함이 이롭다."

풀이

'대장(大壯)괘'가 나오면 강대하고 흥성하나, 다만 지나침이 없게 금지할 줄도 알라는 뜻이다. 대장(大壯)은 '강성하다, 흥성하다'의 뜻이다. 양(陽)이 성장하는 대장괘는 무엇이든 발전성이 충분하니, 점진적으로 나아가고 급진하는 것을 자제해야 한다. 대상(大象)에 이르기를 "예가 아니면 밟지 않는다."고 하였으니 명심할 일이다. 대장(大壯)은 힘을 자중하고 정도를 지켜야 한다.

초효(初爻)

효사

"초구(初九)는 발이(발만) 강성한 것이니, 가면 틀림없이 흉하다."

풀이

아직 힘이 미약하니 함부로 나아가면 틀림없이 흉하게 되는 점이다. 함부로 움직이지 말고 먼저 능력을 갖춰야 한다.

이효(二爻)

"구이(九二)는 바르게 해서 길하다."

중도*를 지켜 바르게 하므로 길한 점이다. 강성함을 자제하면서 중도를 행하면 좋은 일이 있으리라.

삼효(三爻)

"구삼(九三)은 소인은 강성함을 쓰나 군자는 (힘이) 있어도 없는 척한다. 바르게 하더라도 위태하니, 숫양이 울타리를 치받아 그 뿔이 걸린다."

자신의 힘만 믿고 나아가니 위태로운 상이다. 소인처럼 힘을 믿고 함부로 날뛰면 옴짝달싹 못 하게 되는 점이다. 지혜 있는 군자는 있어도 없는 척하며 자신을 돌아보고, 그 힘을 자제한다.

사효(四爻)

"구사(九四)는 바르게 하면 길하여 후회가 없어지니, 울타리가 열려서 (뿔이) 걸리지 않으며, 큰 수레의 바큇살이 강성하다."

바르게 행하면 길하여 후회가 없어지니, 강하게 앞으로 전진하는 상이다. 바르게 행하면 앞길이 트인다.

---

* 구이는 하괘의 가운데에 위치하여 중(中)을 얻었다.

오효(五爻)

"육오(六五)는 양(羊)의 강성함을 잃게 하면 후회가 없다."

강한 상대를 지혜로 다스리는 상이다. 부드럽고 지혜로운 방법으로 상대의 강성함을 다스리면 후회가 없다.

상효(上爻)

"상육(上六)은 숫양이 울타리를 치받아 물러날 수도 없고 나아갈 수도 없어서 이로운 것이 없으니, 어려움을 알면 길하다."

자신의 힘만 믿고 함부로 나가다가 옴짝달싹 못 하게 되는 상이다. 그러나 어렵게 여겨 자신을 돌아보면 위기 상황을 벗어날 수 있으리라.

35 화지진(火地晉)

진괘의 상

키워드 전진, 등용

괘사(卦辭)

"진(晉)은 제후에게 말을 많이 하사하고, 하루에 세 번 접견한다."

풀이

'진(晉)괘'가 나오면 전진, 등용을 의미한다. 진(晉)은 '나아간다'는 뜻이다. 아침에 떠오른 태양이 하늘로 오르는 상으로, 만사가 발전하고 번영하는 운이다. 운세가 점차 왕성하니 앞을 향해서 전진하라. 진(晉)괘는 입신출세를 나타낸다. 제후에게 말을 많이 하사하고, 하루에 세 번접견한 것은 천자가 제후의 공을 치하하고, 천자로부터 크게 예우 받는것이다.

초효(初爻)

효사

"초육(初六)은 나아가거나 물러남에 바르게 하면 길하고, 믿음을 얻지 못했더라도 여유로우면 허물이 없다."

풀이

나아가든 물러나든 바르게 해야 길하다. 아직 (주위의, 윗사람의) 신임을 얻지 못하더라도 여유로우면 허물이 없다. 즉, 뜻대로 되지 않더라도 여유 있는 마음으로 고요히 때를 기다리면 언젠가 나아갈 때가 온다는 것이다.

이효(二爻)

`효사`

"육이(六二)는 나아감이 근심스러우나(어려우나) 바르게 하면 길하니, 큰 복을 왕모(육오)에게서 받는다."

`풀이`

행보가 막혀 근심이 있으나 바르게 행동함으로써 길이 열림은 물론, 하늘(윗사람, 육오)로부터 복을 받는 상이다. 근심이 있어도 중도로써 바르게 행하면 하늘로부터 복을 받는다는 것이다.

삼효(三爻)

`효사`

"육삼(六三)은 무리가 믿어 주니 후회가 없어진다."

`풀이`

앞으로 나아가면 여러 사람의 신뢰를 얻어 후회가 없어지는 점이다.

사효(四爻)

`효사`

"구사(九四)는 나아감이 쥐와 같으니, 그런 마음을 고집하면 위태롭다."

`풀이`

탐내고, 의심하고, 근심하는 것이 마치 쥐와도 같아 위태로움을 경고하는 점이다.

오효(五爻)

효사

"육오(六五)는 후회가 없어지니, 득실을 근심하지 말고 가면 길하여 이롭지 않음이 없다."

풀이

후회가 없어지니 득실을 염려 말고 나아가면 길하여 이롭지 않음이 없는 점이다. 득실을 염려 말고 전진하라.

상효(上爻)

효사

"상구는 뿔(극도의 강함)처럼 나아감이니, 오직 고을(자기 자신)을 정벌하는 데에 쓰면 위태하나 길하고 허물이 없지만, 바른 도에는 인색함이 있다."

풀이

앞으로 치고 나가는 것이 너무 강한 상이다. 강한 방식은 스스로의 마음을 다스리는 데 효과가 있어 허물이 없지만, 바른 도에는 인색함이 있으니 자중해야 함을 말하고 있다.

36 지화명이(地火明夷)

명이괘의 상

키워드 빛이 가려짐, 암흑의 시기

괘사(卦辭)

"명이(明夷, 밝은 빛이 가려진 때)는 어렵게 여기고 바르게 함이 이롭다."

풀이

'명이(明夷)괘'가 나오면 암흑기이니, 바름을 굳게 지키는 것이 이로움을 말하고 있다. 또한 이때는 자신이 갖고 있는 재물이나 지혜를 드러내지 않는 것이 재앙을 피하는 길이다. 명이(明夷)는 태양이 지하에 들어간 상태의 괘다. 암흑기다. 이 괘를 얻은 이는 아침을 기다려야 한다. 그러나 참고 때를 기다리면 언젠가 반드시 날이 밝는다. 그러므로 이러한 때에는 겉으로는 어두운 체하며 안으로 진리를 밝혀 나가야 하는 것이니, 안으로 밝은 지혜와 덕을 감춤으로써 대처하는 것이다. 은나라의 기자(箕子)가 그렇게 하였다.

초효(初爻)

효사

"초구(初九)는 명이(明夷)의 때에 자신의 날개를 아래로 늘어뜨린다.

군자가 감에 3일을 먹지 않으니(삼일불식(三日不食)), 가는 바를 두면 주인이 나무라는 말이 있다."

풀이

하늘을 날던 새가 자신의 날개를 접고 과감하게 물러나 은거하는 점이다. 군자는 비록 3일씩 굶더라도 부정, 불의와는 타협하지 않는다. 소인처럼 부정과 타협하여 나아가면 좋은 소리를 듣지 못하리라. 여기서 '주인'은 사람이 될 수도 있으나 하늘로 봐도 좋다.

이효(二爻)

효사

"육이(六二)는 명이의 때에 왼쪽 다리를 상하니, 구원하는 말이 건장하면 길하다."

풀이

왼쪽 다리를 손상당해 걸어감을 손상당한 격이나, 구원하는 말이 건장하다면 달릴 수 있으니 길하게 된다. 이 효를 얻으면 손상이 있어도 구원이 있다고 보면 된다.

삼효(三爻)

효사

"구삼(九三)은 명이의 때에 남쪽으로 사냥하여 큰 머리(상육)를 얻으니, 급히 바르게 해서는 안 된다."

풀이

어두운 세상의 부정을 없애고 악의 우두머리를 얻는 상이다. 가는 길이 탄탄하고 거칠 것이 없으니 급하게 할 필요가 없는 점이다. 즉, 어두운 명이를 밝은 세상으로 만들기 위해 분연히 일어나 불의를 응징한다.

사효(四爻)

> **효사**

"육사(六四)는 좌복(左腹, 왼쪽 배, 어둡고 편벽한 곳)으로 들어가서 명이의 마음을 얻어서 문 앞의 뜰(문정(門庭))로 나온다."

> **풀이**

어리석은 군주가 자신을 마음으로 신임하게 한 후에 눈 밖(뒤)에서 행하는 것이니, 술책을 써서 자기의 목적을 이루는 상이다. '좌복(左腹)'이란 정당하지 않은 방식으로 일을 하는 것이고, '문정(門庭)으로 나온다'는 것은 한편으로 멀리 도망가는 것으로 보면 된다. 점을 해서 이 효를 얻으면 자기가 이와 같이 행하지 않는다면 누군가가 자신을 상대로 그와 같은 일을 꾸민다고 보면 된다.

오효(五爻)

> **효사**

"육오(六五)는 기자의 명이이니, 바르게 함이 이롭다."

> **풀이**

이 효를 얻은 이는 밝은 지혜가 드러나지 않게 숨기고 그 뜻을 바르게 지키는 것이 이롭다. 은나라의 기자가 했던 것처럼 말이다.

상효(上爻)

> **효사**

"상육(上六)은 밝지 못해 어두우니, 처음에는 하늘에 오르지만 뒤에는 땅속으로 들어간다."

풀이

밝지 못하고 어두우니, 처음에는 높이 오르더라도 결국 땅속으로 들어가게 되는 것이다. 이는 명이의 때에 그나마 가려져 있던 빛이 꺼져버리는 것과도 같은 것이다. 이 효를 얻으면 정신의 빛을 밝혀 스스로 바른길로 가야 하리라.

37 풍화가인(風火家人)

가인괘의 상

키워드 가족(가정)의 도와 법

괘사(卦辭)

"가인(家人)은 여자가 바르게 함이 이롭다."

풀이

'가인(家人)괘'가 나오면 가족의 도가 바로 서 있음을, 혹은 가족의 도를 바로 세울 것을 의미한다. 가인괘는 집안을 다스리는 도를 논한다. 가인(家人)은 '가족, 가정'을 상징하는 괘이므로 가족이 합심하면 즐거움이 있는 상이다. 혼인점이나 연애점에서 이 괘를 얻으면 가정적임을 의미한다. "여자가 바르게 함이 이롭다." 한 이유는 여자가 집안의 주인(안주인)이기 때문에 상징적으로 취한 것이다.

초효(初爻)

효사

"초구(初九)는 집안을 법도로 막으면 후회가 없다."

풀이

집안을 법도로써 막으면 집안이 잘 다스려져 후회가 없음을 나타낸다. 일이나 사람을 놓고 이 효를 얻으면, 법도로 방비하면 후회될 일이 없다고 보는 측면과 나아가 법도로 방비하여 좋다고 보면 된다.

이효(二爻)

> **효사**

"육이(六二)는 이루려는 바가 없이 집안에서 음식을 장만하면 바르게 해서 길하다."

> **풀이**

이 효를 얻은 이는 무엇이든 독단적인 결정을 내리지 말고 좋은 가정 주부처럼 집안일에 충실하면 바르고 길한 점이다.

삼효(三爻)

> **효사**

"구삼(九三)은 가인이 엄격하여 원망하는 소리를 내니, 후회하나 길하다. 부인과 자식이 희희덕거리면(집안의 법도를 잃은 것) 끝내 인색해진다(부끄럽다)."

> **풀이**

가장이 엄한 법도로써 집안을 다스리면 원망은 있겠으나 길하지만, 법도가 무너지면 수치스럽게 될 것임을 경고하는 점이다.

사효(四爻)

> **효사**

"육사(六四)는 집안을 부유하게 하니, 크게 길하다."

> **풀이**

집안을 부유하게 하는 상으로, 크게 길한 점이다. 집안을 일으킨다.

오효(五爻)

"구오(九五)는 왕(구오)이 집안의 도를 지극히 세우니, 근심하지 않아서 길하다."

화목(사랑)을 기반으로 집안사람을 대하면 근심하거나 수고롭게 힘쓰지 않아도 가정(나라, 회사)이 잘 다스려지는 길한 점이다. 가정이나 사회의 책임자로서 사랑과 관용으로 이끌어 나가면 구성원의 존경을 받는다. 좋은 아내를 맞이하는 길한 점이기도 하다.

상효(上爻)

"상구(上九)는 믿음이 있고, 위엄이 있으면 끝내 길하다."

믿음과 위엄이 있으면 마침내 길함을 말하고 있다. 자신을 돌아보고 다스리면(수신(修身)) 모두가 따르는 길한 점이다.

38 화택규(火澤睽)

규괘의 상

키워드 대립함, 어긋남.

괘사(卦辭)

"규(睽)는 작은 일에는 길하다."

풀이

'규(睽)괘'가 나오면 '대립함'을 의미하니, 관계의 소원함과 어긋남을 뜻한다. 규(睽)는 '서로 등지고 반목함'을 의미하니, 곧 다툼이 있는 상이다. 이 괘를 얻으면 직장에서건 가정에서건 대립하고 서로 어긋나는 불쾌한 일들이 일어날 수 있다. 어긋난 시기에 있으므로 큰일을 벌이지 말고 항상 말과 행동을 조심하며, 매사 스스로를 관조(돌아봄)해 나아가야 한다.

초효(初爻)

효사

"초구(初九)는 후회가 없어지니 말을 잃어 좇지 않아도 스스로 돌아온다. 악인을 만날지라도 허물이 없다."

풀이

이 효를 얻으면 후회될 것이 없어진다. 막힘이 있어도 머잖아 다시 나아갈 수 있게 되니, 인내로써 기다리면 나아갈 때가 온다. 또한 반목하는 사람일지라도 만나면 허물이 없어지는 점이다.

이효(二爻)

효사

"구이(九二)는 복도에서 주인(육오)을 만나면 허물이 없다."

풀이

복도에서 주인을 만나듯 서로 은밀하게 만나면 허물이 없는 점이다. 꼭 만나야 할 사람을 이렇게라도 만나는 것은 규(睽, 대립·어긋남.)를 해결하기 위한 노력인 것이다.

삼효(三爻)

효사

"육삼(六三)은 수레가 뒤로 끌리고(구이) 소의 앞이 막히며(구사), 그 사람이 머리를 깎고 또 코를 베니, 처음은 없지만 마침은 있다."

풀이

처음에는 강한 이로부터 가혹한 형벌을 받듯 근심하고 두려워하게 되나 결국 마침(만남)이 있게 될 것이니, 의심이 풀려 서로 화합하게 되는 점이다. 이 효를 얻으면 처음에는 고난이 있어도 뒤에는 잘 이루어진다고(유종의 미) 보면 된다.

사효(四爻)

효사

"구사(九四)는 규(睽)의 때에 외로워서 좋은 남편(초구)을 만나 서로 믿음으로 사귀니, 위태로우나 허물이 없다."

풀이

대립(분열)할 때 홀로 외로운 격이나, 동지를 만나 서로 믿음을 가지고 교제하면 위태롭지만 허물이 없는 점이다.

오효(五爻)

효사

"육오(六五)는 후회가 없어지니, 그 종친(구이)이 살을 깨물면(화합) 나아감에 무슨 허물이 있겠는가?"

풀이

가까운 사람과 화목하듯 서로 화합하면 후회됨이 없으니, 이렇게 나아가면 허물은커녕 경사가 있는 점이다. 즉 만날 사람이 있으면 만나야 한다. 허물이 되지 않는다. 그대로 나아가면 좋은 일이 있으리라.

상효(上爻)

효사

"상구(上九)는 규(睽, 대립하여)의 때에 외로워서 돼지가 진흙을 짊어진 것과 귀신이 수레에 실린 것을 본다. 먼저 활을 당기다가 뒤에는 활을 놓는데 이는 도적이 아니라 혼인하자는 것이니, 가서 비를 만나면 길하다."

풀이

처음에 반목하고 미워하고 의심하다가 뒤에 모든 반목과 의심이 깨끗이 씻기는 상이니, 서로 화합하게 되는 길한 점이다.

39 수산건(水山蹇)

건괘의 상

키워드 험난함, 고난. 4대 난괘 중 하나

괘사(卦辭)

"건(蹇, 험난한 때)은 서남쪽이 이롭고 동북쪽은 이롭지 않으며, 대인
을 봄이 이로우니 바르게 함이 길하다."

풀이

'건(蹇)괘'가 나오면 험난함을 의미하니 대인을 만나는 것이 이롭고,
바름을 지켜야 길하다. 건(蹇)은 '험난함, 고난'의 뜻이다. '수산건괘'는
험난한 상으로, 어렵다는 4대 난괘 중 하나다. 험난함이 앞에 있는 형국
이다. 이 험난함을 극복하는 방법은 지자(知者)에게 조언을 구하고, 스
스로를 돌아보며 바르게 하는 것이다. 그럼 머잖아 길운으로 전환할 것
이다.

초효(初爻)

효사

"초육(初六)은 가면 어렵고, 오면 영예가 있다."

풀이

나아가면 어려움을 만나고 물러나면 영예가 있으니, 지혜롭게 때를

기다려야 하는 점이다.

이효(二爻)

"육이(六二)는 왕의 신하가 어렵고 어려운 것이니, 이는 자신 때문에
일어난 것이 아니다."

어려운 때를 당해 (육이가) 신하로서 왕과 나라를 위해 어려움을 이겨
내려고 애쓰는 상이다. 이는 자신의 잘못 때문에 일어난 것이 아니니
허물은 없다. 이 효를 얻으면 고난스러운 일이 생김을 의미한다.

삼효(三爻)

"구삼(九三)은 가면 어렵고, 오면 돌아온다."

이 효는 나아가면 험난함을 만나고, 물러나면 자기 위치로 돌아오는
상이다. 함부로 나아가면 어려움에 처하나 돌아오면 주변이 기뻐하는
상이 있다.

사효(四爻)

"육사(六四)는 가면 어렵고, 오면 연합한다."

나아가면 험난함을 만나고 물러나면 연대하니, 주변과 연합하는 상

이다. 다른 이들과의 연대야말로 고난의 시기에 대응하는 방도다.

오효(五爻)

효사

"구오(九五)는 큰 어려움에 벗이 온다."

풀이

큰 어려움에 놓였는데 도와줄 벗(하늘, 사람)이 오니 어려움이 해결되는 상이다. 즉, 중정*하니 모두가 돕는 것이다.

상효(上爻)

효사

"상육(上六)은 가면 어렵고 오면 큰 공이 있어(대인과 함께 나아감.) 길하니, 대인(구오)을 봄이 이롭다."

풀이

나아가면 험난함을 만나고 물러나면 공이 있게 되어 길하니, 귀인의 도움을 받는 상이다.

---

* 구오는 양효가 양의 자리에 와서 정위(正位)에 자리했고, 상괘의 가운데에 위치했으니 중(中)을 얻었으므로 중정(中正)한 것이다.

40 뇌수해[雷水解]

해괘의 상

키워드 풀림, 해결, 근심을 놓음.

괘사(卦辭)

"해(解)는 서남쪽이 이로우니 갈 필요가 없다. 와서 회복함이 길하니, 갈 필요가 있다면(아직 할 일이 있다면) 일찍 가는 것이 길하다."

풀이

'해(解)괘'가 나오면 세상의 고난과 근심이 해결되는 때임을 알려 준다. 해(解)는 '풀려나다, 풀어버리다'의 뜻을 가지는데, 험하고 어려운 과정이 모두 풀린다는 뜻이다. 이 괘는 어려움이 있다면 저절로 해결되는 상이다. 그러나 해결해야 할 일이 아직 남았다면 주저 말고 빨리하는 것이 좋다. 해괘는 수산건괘의 험난함에서 벗어남을 의미하는 점이다.

초효(初爻)

효사

"초육(初六)은 허물이 없다."

풀이

어려움이 이미 해결된 상이다. 허물 될 일이 없다.

이효(二爻)

효사

"구이(九二)는 사냥하여 세 마리 여우를 잡아 누런 화살을 얻으니, 바르게 해서 길하다."

풀이

세상의 해로움(소인)이 제거되는 상이다. 중도*로써 바르게 처신하면 길하다.

삼효(三爻)

효사

"육삼(六三)은 (아랫자리에서) 져야 할 자가 타고 있는 것이라 도적이 오게 하니, 바르더라도 인색할 것이다."

풀이

짐을 지고 있어야 할 사람인데 수레를 탄 것과 같아 도적을 부르는 상이니, 이치를 따르지 않고 분수를 지키지 않아서 그런 것이다.

사효(四爻)

효사

"구사(九四)는 자신의 엄지발가락(초육)을 풀어 없애면(멀리하면) 벗이 와서 신뢰하게 된다."

풀이

일을 해결하려거든 그 근원부터(근원을 찾아) 해결하면 어렵고 힘든 일이 풀리게 되는 점이다. 바른길을 가는데 해로움이 되는 것을 멀리하

---

* 구이는 하괘의 가운데에 위치하여 중(中)을 이루었다.

면 저절로 어렵고 힘든 일이 풀리게 된다.

오효(五爻)

효사

"육오(六五)는 군자가 풀어 없애면 길하니, 소인이 믿음을 둘 것이다."

풀이

군자가 바른 도를 시행하여 문제를 풀어 없애면 소인들까지도 신뢰하게 되는 길한 점이다. 세상의 해로움(소인)이 사라지는 것이다.

상효(上爻)

효사

"상육(上六)은 공(公)이 높은 담 위에서 새매(해로운 소인)를 쏘아서 잡으니 이롭지 않음이 없다."

풀이

자신의 능력으로 세상의 해로움을 제거(해결)하는 상이다. 모든 문제가 완전히 풀려 막힐 것이 없으니 이롭지 않음이 없는 점이다. 상육은 뇌수해괘의 정점이다.

41 산택손(山澤損)

손괘의 상

키워드 버림의 도, 쇠함.

괘사(卦辭)

"손(損)은 믿음이 있으면 크게 길하고 허물이 없어서 바르게 할 수 있다. 가는 바를 둠이 이롭다. 어디에 쓰겠는가? 두 대그릇으로도 제사에 쓸 수 있다."

풀이

버림의 도를 말하고 있으니 욕심을 버릴 것을 의미한다. 욕심을 버리면 결국 크게 길하다. 욕심을 부리면 흉하다. 손(損)은 '덜어 내다, 손실하다'의 뜻으로, '덜어 냄의 도'를 말한다. 즉 자신에게 남는 것을 덜어 내어 남에게 줌으로써 모두를 이롭게 하고, 천하를 유익하게 한다. 그래서 모두를 이롭게 하기 위해서 믿음을 지니고 나아가는 것이 이롭다는 것이니, 지금은 손해를 보지만 크게 보면 나중에 이익으로 돌아오는 것을 의미한다. 한편, 손(損)은 단순히 '손실'을 의미하기도 한다. 괘사는 제사를 지내기 전의 경건함과 바름, 정성에 빗대어 설명하고 있다.

초효(初爻)

효사

"초구(初九)는 일을 마쳤으면 빨리 가야 허물이 없으니 짐작하여 덜어 내야 한다."

자신의 능력이 되는 대로 능력껏 돕고, 일이 끝나면 공을 바라지 말고 자리를 뜨라는 것이다. 그럼 후일 복이 되어 돌아온다. 즉 자신을 덜어 남을 이롭게 하는 것이니, 도울 때는 가득 차되 넘치지 않아야 한다.

이효(二爻)

효사

"구이(九二)는 바르게 함(중도)이 이롭고 나아가면 흉하니, 덜어 내지 않으면 더하게 된다."

풀이

함부로 나아가면 흉하고 바르게 자신을 지키면 이로우니, 자신이 손실을 보지 않는 것이 자신뿐 아니라 남에게도 보탬이 되는 점이다. 즉 남을 무리하게 돕지 말아야 하니 나아가지 말고 제자리를 지키며, 늘 중(中)*을 따라야 한다.

삼효(三爻)

효사

"육삼(六三)은 세 사람이 갈 때는 한 사람을 덜고, 한 사람이 갈 때는 그 벗을 얻는다."

풀이

지나치게 많은 것을 탐하지 말고 하나에 집중하여 나아가면 함께할 벗을 얻으니, 하나가 둘에 이르는 도리를 말하고 있다. 세상에 둘이 아

---

* 구이는 하괘의 가운데에 자리하여 중(中)을 이루었다.

닌 것이 없다. 이는 지나친 것은 덜고 모자란 것은 보태어 알맞게 하는 손괘의 도다. 점을 해서 이 효를 얻으면 지나치거나 모자람 없는 균형을 잡으라는 뜻이니, 나아가 균형을 잡게 된다는 암시이기도 하다.

사효(四爻)

> **효사**

"육사(六四)는 그 병을 덜되 신속하게 하면 기쁨이 있어 허물이 없다."

> **풀이**

자신에게 있는 병(허물)을 신속하게 덜어 내면 기쁨이 있으니, 허물이 없게 됨을 말하고 있다. 이 효를 얻었을 때는 자신에게 허물(병)이 있으니 속히 덜어 내라는 점이다. 그럼 기쁨이 있다. 몸과 마음을 망라한다.

오효(五爻)

> **효사**

"육오(六五)는 혹 더할 일이 있으면 열 벗이 도와준다. 거북점을 하더라도 이를 어길 수가 없으니, 크게 길하다."

> **풀이**

혹 도움이 필요하다면 하늘(우주, 사람들(열 벗))이 도와주는 크게 길한 점이다.

상효(上爻)

> **효사**

"상구(上九)는 덜어 내지 않고 더하면 허물이 없으니, 바르게 해서 길하다. 가는 바를 두면 이로우니, 신하를 얻음이 자기 집안에 그치지 않는다."

풀이

자신이 손실을 보지 않고 남에게 보탬이 되면 허물이 없으니, 이렇게 바름을 지키면 길하다. 나아가면 크게 사람들의 뜻을 얻어 이로우니, 길한 점이다.

42 풍뢰익(風雷益)

익괘의 상

키워드 더함, 성함.

괘사(卦辭)

"익(益)은 가는 바를 둠이 이롭고, 큰 강을 건너는 것이 이롭다."

풀이

'익(益)괘'가 나오면 '더하여 성해짐'을 의미한다. 일을 도모함을 두고 익괘를 얻었을 때는 전진하는 것이 이롭다고 보면 된다. 즉 익(益)괘는 '보태다, 더하다'의 뜻이다. 다만 (익괘도 앞의 손괘와 마찬가지로) 자기 자신을 덜어 냄으로써 다른 사람에게 보태 주어야 함을 강조한다. 손괘가 아래에서 덜어 위에 보태 주는 것이라면, 익괘는 위에서 덜어 아래에 보태는 것이니, 그 도(道)가 크게 빛난다. 그러기에 덜어 내지만 종국에 더하게 되는 것이 익괘의 상이다.

초효(初爻)

키워드 효사

"초구(初九)는 큰일을 하는 것이 이로우니, 크게 길하여 허물이 없다."

풀이

능히 큰일을 하는 것이 이로우니, 그리하면 크게 길하여 허물이 없는

점이다. 이는 모두에게 보탬(유익, 베풂)이 되는 것이 이롭다는 것으로
보면 된다.

이효(二爻)

효사

　"육이(六二)는 혹 더할 일이 있으면 열 벗이 도와준다. 거북점을 하더
라도 이를 어길 수가 없으나 길이 바르게 하면 길하니, 왕이 상제에게
제사하면 길하다."

풀이

　혹 도움이 필요하다면 세상(하늘)이 도와준다. 어떤 점괘도 이를 어
길 수가 없으나 오래도록 바르게 해야 길하니, 그 도움의 감사함을 상
제께 올리면 길하다. 즉 자신을 중도*로써 지켜 나간다면 많은 사람이
밖으로부터 와서 도움을 준다. 그 공을 공손하게 하늘에 돌리면 길하
다는 것이다. 이 효를 얻으면 외부의 도움이 있다고 보면 된다. 다만 바
르게 하라.

삼효(三爻)

효사

　"육삼(六三)은 더하는 일을 흉한 일에 쓰면 허물이 없으나, 믿음으로
써 중(中, 균형·중도)으로 행해야 공(公)에게 고할 때 규(圭)를 쓰듯 할 수
있다."

---

* 육이는 음의 자리에 음효가 와서 정위(正位)를 이루었고, 하괘의 가운데에 자리
하여 중(中)을 얻었으니 중정을 이룬 것이다.

세상에 도움이 되는 일을 흉한 일에 써야 허물이 없으니, 어려움에 처했을 때 써야 한다는 것이다. 다만 진실하게 중도로써 행해야 왕공(하늘, 세상, 어른)에게 아뢸 수 있다. 이는 중(中)으로써 일을 처리해야 그 공을 왕공이 치하한다는 것이다.

사효(四爻)

효사

"육사(六四)는 중(中, 균형·중도)으로써 행하면 공(公)에게 고해서 따르게 하리니, 이에 의지하여 나라의 도읍을 옮기는 것이 이롭다."

풀이

중도(中道)를 행하면 (왕공(公)의 허락으로) 나라의 도읍을 옮기는 큰일조차도 할 수 있다는 것이다. 점을 해서 이 효를 얻으면, 중도로써 행하면 능히 하지 못할 일이 없다는 것을 말하는 것이니, 일부 점자를 치켜세워 주는 면이 있는 점이다.

오효(五爻)

효사

"구오(九五)는 마음에 믿음을 두어 세상을 은혜롭게 하면 묻지 않아도 크게 길하니, 세상이 믿음을 두어 나의 덕을 은혜롭게 여긴다."

풀이

군주(구오)가 진실함으로써 사람들에게 은혜를 베풀면 또한 백성들이 군주의 은덕에 보은하는 점이니, 묻지 않아도 크게 길함을 알 수 있다.

상효(上爻)

"상구(上九)는 (욕심으로 인해) 더해 주는 이는 없고, 혹 어떤 이는 공격한다. 마음을 바로 세워 항상 하지 못하니, 흉하다."

풀이

보탬을 주는 이는 없고 되레 공격하는 이가 있으니, 마음에 욕심이 있으면 흉하다. 이는 바른 도리를 지킬 것을 경고하는 점이다.

43 택천쾌 (澤天夬)

쾌괘의 상

키워드 과감성, 결단력

괘사(卦辭)

"쾌(夬)는 왕의 조정에서 드러내는 것이니, 믿음을 가지고 호령하여 위태함을 알게 한다. 자신의 읍(邑)에서부터 고하고(먼저 스스로를 다스리라), 군사를 움직이는 것은 이롭지 않으며, 가는 바를 둠이 이롭다."

풀이

'쾌(夬)괘'가 나오면 일을 처리함에 있어 위험이 있으니 쉽게 여기지 말고 방비하고, 경계할 것을 의미한다. 쾌(夬)는 '과감성, 결단력'의 뜻을 가진다. 군자라면 바름으로써 악을 눌러야 함을 의미한다. 과감하게 판단, 결정하고 용기 있게 앞으로 나아가야 함을 강조한다. 쾌(夬)는 정의의 세력(다섯 양(陽))이 악의 세력(하나의 음(陰)=상효)을 제거하려는 상태를 상징한다.

초효(初爻)

효사

"초구(初九)는 발이 강건하게 나가는 것이니, 가서 이기지 못하면 허물이 된다."

풀이

힘이 약한 자가 강하게 일을 도모하니, 허물이 되는 상이다. 이기기(이루기) 어렵다. 조급히 움직이지 말아야 한다.

이효(二爻)

효사

"구이(九二)는 삼가고(근심하여) 호령하는 것이니, 야밤에 적군이 있더라도 근심이 없다."

풀이

대군이 나라를 근심하여 대비케 한다. 적이 있더라도 승리하리니 걱정할 일이 없는 것과도 같다. 이 효를 얻으면 중(中)*을 지켜 대비만 잘한다면 도모하는 일은 무난히 이룰 것이다.

삼효(三爻)

효사

"구삼(九三)은 광대뼈가 강건하여 흉함이 있으나, 홀로 가서 비를 만나니 군자가 과감하게 결단하여 젖는 듯해서 노여워하면 허물이 없다."

풀이

사욕을 버리고 강인하게 결단하여 과감하게 밀어붙이면, 조금 흉이 되도 허물이 안 되는 점이다.

---

* 구이는 하괘의 가운데에 위치하여 중(中)을 얻었다.

사효(四爻)

효사

"구사(九四)는 볼기에 살이 없으며 나아가기를 머뭇거리니, 양을 끌면 후회는 없겠으나 말을 들어도 믿지 않는다."

풀이

누구의 도움도 받지 못하고 힘에 겨운 일을 수행하듯 불안하게 제자리를 맴도는 상이다. 구사는 과감하게 결단하여 중(中)을 지켜 천천히 나아가면 후회는 없겠지만, 이런 충고도 들을 줄 모르니 현명하지 못함을 일침하고 있다.

오효(五爻)

효사

"구오(九五)는 쇠비름(현륙)을 과감하게 잘라 내면, 중(中)을 이룬 행위이니 허물이 없다."

풀이

마음을 강직하고 바르게 가져 쇠비름을 잘라 내듯 과감하게 결단하여 끊어 내면 중도*를 이룬 행위이니, 허물이 없는 점이다. 이 효를 얻으면 자신의 내외를 막론하고 과감하게 잘라 낼 것이 있음을 암시한다. 그것이 중도다.

상효(上爻)

효사

"상육(上六)은 울부짖어도 소용없으니, 끝내 흉함이 있다."

---

* 구오는 상괘의 가운데에 위치하여 중(中)을 이루었다.

사방에 외쳐 보아도 소용없으니, 끝내 흉한 점이다. 상육은 몰락을 피
할 수 없다.

44 천풍구(天風姤)

구괘의 상

키워드 **만남의 시기**

괘사(卦辭)

"구(姤)는 여자가 강성함이니, 여자를 취하지 말아야 한다."

풀이

'구(姤)괘'가 나오면 만남이 있는 시기이나, 사람을 가려서 만나야 함을 강조한다. 즉, 구(姤)는 '만남'의 뜻이다. 좋은 사람도 만나지만 안 좋은 사람도 만날 수 있어 사람을 가려서 만나지 않으면 예기치 않은 사건 사고도 일어날 수 있다. 결혼점에서는 길하지 않은 괘다. 하지만 괘사에 여자가 강성하다 했으니, 여성이 이끄는 일은 길하다.

초효(初爻)

효사

"초육(初六)은 쇠고동목에 매어 놓으니 바르게 함이 길하고, 가는 바를 두면 흉함을 당하니 약한 돼지가 날뛰고 싶어 한다."

풀이

묶어 놓듯이 제자리에 있으면 길한 점이다. 그러나 망령되이 나아가면 흉함을 당하니, 날뛰고 싶어 하는 조급함을 묶어서 제어해야 한다.

이효(二爻)

"구이(九二)는 꾸러미에 물고기가 있으면 허물이 없으니, 손님에게는 이롭지 않다."

복이 되는 짝이 내 옆(품)에 있으니, 잘 관리해서 내 사람으로 만들라는 점이다. 탐내는 이가 있는 상이다.

삼효(三爻)

"구삼(九三)은 볼기에 살이 없어 그 행함을 머뭇거리니, 위태롭게 여기면 큰 허물이 없다."

욕심으로 바르지 않은 일을 가지고 머뭇거리는 것이다. 일은 어렵고 마음은 불안하니, 위태롭게 여겨 스스로를 돌아보면 큰 허물은 없는 점이다.

사효(四爻)

"구사(九四)는 꾸러미에 물고기가 없으니 흉함이 일어난다."

자신과 함께하던 사람이(민심(民心)) 떠나가는 상으로, 흉한 점이다. 민심을 잃어 도와줄 자가 없다. 이 효를 얻으면 철저히 자신을 돌아보라.

오효(五爻)

효사

"구오(九五)는 버들로 오이(음물(陰物))를 싸는 것이니, 아름다움을 머금으면(중정(中正)) 하늘로부터 떨어짐이 있다."

풀이

존귀한 지위의 구오가 어떤 이라도 포용하는 아름다운 덕이니, 중정(中正)*을 지닌다면 하늘로부터 복이 내려오는 점이다. 즉 빛나는 정치로 덕을 베푸니(백성들을 포용하니) 하늘로부터 복이 온다.

상효(上爻)

효사

"상구(上九)는 그 뿔에서 만남이니, 인색하여 탓할 곳이 없다."

풀이

서로의 만남이 강한 뿔에서 만나는 것과 같은 상이다. 자신을 낮추는 겸손한 미덕이 없기에 화합도 어렵고, 함께하려는 이도 없는 점이다.

---

* 구오는 양의 자리에 양효가 와서 정위(正位)를 이루었고, 상괘의 가운데에 위치하여 중(中)을 이루었으니 중정한 것이다.

45 택지췌 (澤地萃)

췌괘의 상

키워드 모여서 함께함.

괘사(卦辭)

"췌(萃)는 왕이 종묘를 둠에 이르니, 대인을 봄이 이롭고 형통하여 바르게 함이 이롭다. 큰 희생을 쓰는 것(제사, 즉 바른 도·정성)이 길하니, 가는 바를 둠이 이롭다."

풀이

'췌(萃)괘'는 사람들이 모여들어 함께하는 것을 의미한다. 췌(萃)는 '모이는 것'을 상징한다. 땅 위에 호수가 있는 상으로, 사방의 물이 모여드는 것을 의미하니 사업은 번창한다. 다만 긍정적인 측면만 모이게 하고 부정적인 측면을 모이게 하지 않으려면, 항상 정성된 마음과 바른 자세로 나아가야 한다. 그리하면 순조로울 것이다. 췌괘는 많은 사람의 모임을 도모하는 일에 길하다.

초효(初爻)

효사

"초육(初六)은 믿음이 있으나 마침을 이루지 못하면 이에 어지럽게 모인다. 만일 호소하듯 부르면 여럿이 비웃을 것이니, 이를 근심하지 말고 가면 허물이 없다."

사람들을 모으려 하면(타인의 인정과 이해) 되지 않을 것이니, 어지러운 마음을 뒤로하고 흔들림 없이 곧장 나아가면 새로운 자리, 새로운 사람을 만나게 되는 상이다. 먼저는 어려워도 근심하지 말고 가면 허물이 없는 점이다.

이효(二爻)

효사

"육이(六二)는 끌어당기면 길하여 허물이 없으니, 믿음을 가지고 간단한 제사(정성)를 올리는 것이 이롭다."

풀이

동지를 끌어모으면 길하고 허물이 없는 점이다. 비결은 모두 진실한 정성(믿음)에 달려 있을 뿐이니, 사람들을 모이게 할 수 있어 이롭다. 즉 주변을 화합으로 만들기 위해서는 진실한 믿음과 정성을 지녀야 한다고 말하고 있다.

삼효(三爻)

효사

"육삼(六三)은 모으려다 탄식한다. 이로운 바가 없으니, 가면 허물이 없지만 조금 부끄럽다."

풀이

사람을 모으려고(화합, 일치) 하나 탄식하는 상이다. 이로운 바가 없으나 계속 나아가면 지원군(도움, 상육)을 만나게 되니, 허물은 없지만 다소 부끄러운 점이다.

사효(四爻)

효사

"구사(九四)는 크게 길해야 허물이 없다."

풀이

정도(正道)를 걸으면 크게 길하여 허물이 없는 점이다. 그렇지 못하면 허물이 된다.

오효(五爻)

효사

"구오(九五)는 모으는 데 지위가 있어 허물이 없다. 믿음을 얻지 못했다면, 크고 길이 바르면 후회가 없다."

풀이

사람들을 모이게 할 만한 지위가 있어 허물이 없는 상이다. 믿지 않는 자가 있거든 바른 도(마음)로써 나아가면 모두가 따르니 후회가 없는 점이다.

상효(上爻)

효사

"상육(上六)은 탄식하며 눈물과 콧물을 흘리니, 탓할 곳이 없다."

풀이

모임의 때 고립에 처했으니, 한탄하며 눈물과 콧물을 흘리는 상이다. 탓할 곳이 없다. 이 효를 얻으면 후회될 일이 생기는 점이다.

46 지풍승(地風升)

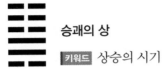

승괘의 상

키워드 상승의 시기

괘사(卦辭)

"승(升)은 크게 형통하니, 대인을 만나되 근심하지 말고 남쪽으로 가면 길하다."

풀이

'승(升)괘'가 나오면 상승의 시기에 접어든 것이니 크게 길함을 의미한다. 승(升)은 '상승함'을 의미한다. 승괘는 위로 뻗어오르는 상이다. 따라서 승괘는 '크게 발전하는 것'을 상징하니, 입신출세의 상이다. 시기가 상승에 접어들었으니 무슨 일이든 전진하면 좋다. 위로 오르는 바람에 올라타라.

초효(初爻)

효사

"초육(初六)은 믿음으로 오르니 크게 길하다."

풀이

위(구이, 윗사람, 하늘)를 믿고 따라 오르는 상으로, 크게 길한 점이다.

이효(二爻)

"구이(九二)는 믿음을 가지고 간단한 제사를 올림이 이로우니, 허물이 없다."

마음에 믿음(중도*)을 지니고 하늘을 존경함이 이로울 것이니, 그리하면 허물이 없을 것임을 말하고 있다.

삼효(三爻)

"구삼(九三)은 빈 고을에 오른다."

나아감을 막아서는 이가 없으니 가는 길이 순조로운 점이다.

사효(四爻)

"육사(六四)는 왕이 기산에서 제사 지내듯 하면 길하고 허물이 없다."

겸손하게 순종하여 하늘을 대하고 사람을 대하면, 길하고 허물이 없을 것임을 말하고 있는 점이다.

---

* 구이는 하괘의 가운데에 자리하여 중(中)을 이루었다.

오효(五爻)

효사

"육오(六五)는 바르게 하면 길하니, 계단을 오르는 듯하다."

풀이

바름(중(中)˚)을 지키면 계단을 오르듯 크게 뜻을 이루는 상이다. 바르게 하면 자신의 뜻을 크게 이루게 된다.

상효(上爻)

효사

"상육(上六)은 오르는데 어두우니, 쉬지 않는 바름이 이롭다."

풀이

올라가고 축적하려고만 하는 욕심을 버리고, 쉼 없이 자신을 돌아보고 바른 도를 지키는 것이 이로운 점이다.

˚ 육오는 상괘의 가운데에 자리하여 중(中)을 이루었다.

47 택수곤 (澤水困)

곤괘의 상

키워드 곤궁의 도(道). 4대 난괘 중 하나

괘사(卦辭)

"곤(困)은 형통하고 바르다. 대인이라야 길하고 허물이 없으니 말이 있으면 믿지 않는다."

풀이

'곤(困)괘'가 나오면 '곤궁, 곤경'을 뜻하니, 대인이라야 길하고 허물이 없음을 의미한다. 즉 곤(困)은 '곤궁함'을 의미한다. 이 괘를 얻으면 스스로를 돌아보며 때를 기다려야 한다. 곤괘는 곤란을 타개할 의지와 신념이 있는 자에게는 되레 길한 괘다. 하여 곤궁의 도라 하였으니, 상황이 어렵다 하더라도 상황을 받아들이고 즐거이 노력해 나간다면 반드시 형통하게 되어 있다는 것을 알려 주고 있다. 또한 당신의 말을 다른 이들이 믿어 주지 않는 시기다. 그러니 항상 말을 조심하고 적게 하며, 바르게 있으라. 그렇게 하면 머잖아 길운이 도래할 것이다.

초효(初爻)

효사

"초육(初六)은 볼기가 나뭇등걸에 곤란하니 깊은 골짜기로 들어가서

3년이 지나도 볼 수 없다."

안정을 이루지 못하는 상이니, 그 밝음(지혜)을 잃어 3년 동안(오랫동안) 곤궁한 점이다. 3년 세월을 깊은 곳에서 불편하게 지내는 상이다.

이효(二爻)

효사

"구이(九二)는 술과 밥에 곤하나 주불(朱紱, 붉은 띠, 구오)이 장차 오리니 제사를 올림(정성)이 이롭고 가면 흉하니, 탓할 곳이 없다."

풀이

곤궁함에 처했는데 장차 귀인(구오)이 찾아와 도와주는 상이다. 다시 말해 장차 기쁨이 다가오는 것(주불방래(朱紱方來))이니 정성을 지니면 이롭다. 해서 곤궁함에 자족하며 때를 기다려야지 스스로 먼저 구하러 나아가면 흉하다.

삼효(三爻)

효사

"육삼(六三)은 돌에 곤란하고 가시덤불에 앉아 있다. 그 집에 들어가도 아내를 보지 못하니, 흉하다."

풀이

나아가건 물러나건 곤란하고, 집에서도 안정을 이루지 못하는 흉한 점이다.

사효(四爻)

"구사(九四)는 오는 것이 더딤은 쇠수레에 곤란하기 때문이니, 부끄러우나 마침이 있다."

장애를 만나 뜻이 막히고 정체되어 부끄럽지만 결국 유종의 미를 거두게 되는 점이다. 혼인점이면 뒤늦게 배우자를 만나고, 일에 있어서는 뒤늦게 결과를 보게 된다.

오효(五爻)

"구오(九五)는 코를 베이고 발을 베이니, 적불(赤紱, 신하, 구이)에 곤란하지만 서서히 기쁨이 있으리니, 제사를 올림이 이롭다."

자신의 행으로 인해 곤경에 처했으니, 존귀한 구오의 자리에 올라서도 하늘의 뜻을 얻지 못한 것이다. 하여 정성된 마음으로 중정*의 도를 행한다면 그 뜻을 얻으리니 이롭게 되는 점이다. 이는 처음에는 곤경에 처했으나 서서히 기쁨이 있는 것이다.

상효(上爻)

"상육(上六)은 칡덩굴과 위태한 곳에서 곤란하니 움직이면서 후회하

---

* 구오는 양의 자리(오효)에 양효가 오고, 상괘의 가운데에 자리했으니 중정(中正)의 도를 행할 수 있는 자다.

매, 뉘우침이 있으면 가서 길하다."

풀이

상당히 위태로운 곤경에 처한 상이다. 이 효를 얻으면 뉘우치는 마음으로 각오를 다져 나아가면 곤경에서 벗어날 수 있는 점이다. 스스로를 돌아보고 이치를 따르라.

48 수풍정(水風井)

정괘의 상

키워드 우물의 도(道), 자기와 타인을 기름.

괘사(卦辭)

"정(井)은, 고을은 고쳐도 우물은 고칠 수 없으니 마르지도 넘치지도 않으며, 오고가는 이가 모두 우물을 사용한다. 거의 이르렀으나 우물에서 두레박줄을 꺼내지 못하니, 두레박을 깨뜨리면 흉하다."

풀이

'정(井)괘'가 나오면 자신이 이루어 낸 마르지 않는 우물로 자신과 타인을 기른다는 의미다. 능력이 있다면 사람들에게 그 영향을 미치게 해야 한다. 우물은 퍼내고 퍼내도 마르지 않는다. 그러니 자신의 목마름뿐 아니라 다른 이들의 목마름도 풀어 주어야 한다. 함께 성장하는 것이다. 이는 자신과 만인을 기르는 상이고, 우물을 찾는 사람들로 북적이는 상이다. 다만 우물을 파고, 물을 퍼 올리는 노력이 필요할 뿐이다. 목표를 세워 중도에 멈추지 말고 끝까지 노력하면 결과는 좋을 것이다.

초효(初爻)

효사

"초육(初六)은 진흙이 있는 우물은 먹지 못하니, 옛(버려진) 우물은 날

짐승도 찾지 않는다.”

풀이

우물이 더러워 못 먹는 상, 아무도 찾지 않으니 세상에서 버려진 것과 같다. 우물물을 밖으로 내어 쓰지 못하니, 기회도 찾아오지 않는 격이다.

이효(二爻)

효사

“구이(九二)는 우물이 새어 골짜기의 붕어에게만 흐르고, 항아리가 깨져 샌다.”

풀이

우물물이 미물들에게만 흐르고, 두레박은 깨져 새는 상이다. 쓸모없게 되어 사람이 마실 수 없으니, 마치 세상에 쓰이지 못하는 격이다.

삼효(三爻)

효사

“구삼(九三)은 우물이 깨끗한데도 먹지 않으니, 내 마음이 슬프다. 가히 길어서 쓸 만하니, 왕이 현명하면 함께 그 복을 받는다.”

풀이

우물이 깨끗한데도 사람이 먹지 않는 상이다. 아직 때를 만나지 못한 것이다. 그러나 기다리다 보면 알아주는 이(때)를 만나게 된다.

사효(四爻)

효사

“육사(六四)는 우물에 벽돌을 쌓으면 허물이 없다.”

우물을 수리해야 허물이 없는 점이다. 이는 자신을 잘 수양하고 닦으라는 것이니, 본분을 지켜 수신(修身)하며 때를 기다린다.

오효(五爻)

효사

"구오(九五)는 우물이 맑아 시원한 샘물을 먹는다."

풀이

깨끗하고 시원한 샘물을 먹는 상이다. 구오는 우물의 도(중정의 도)를 이룬 것이니, 세상을 이롭게 할 만반의 준비가 갖춰진 것이다. 일을 도모함을 두고 이 효를 얻으면 길하다.

상효(上爻)

효사

"상육(上六)은 우물물을 길어 올려 덮지 않으니, 믿음이 있으면(오래 지속하면) 크게 길하다."

풀이

스스로 우물의 도를 완성했거든 모든 이에게 혜택이 돌아가도록 해야 크게 길한 점이다. 이는 수신(修身)하여 이룸이 있거든 다른 이들도 길러야 함을 강조한다. 결국 우물물을 모두가 누리게 해야 크게 길하다는 것이다. 여기서 우물의 도가 완성된다.

49 택화혁 (澤火革)

 혁괘의 상

키워드 개혁, 변혁

괘사(卦辭)

"혁(革)은 기일(己日)이어야 믿게 되니, 크게 형통하고 바르게 함이 이로우니 후회가 없다."

풀이

바름을 지켜 개혁하면 크게 형통한다. 혁(革)은 '개혁, 변혁, 혁명'의 뜻이다. 개혁하는 것이 길한 괘다. 기존의 낡고 부조리한 것들을 바꿔 나가면 크게 형통할 운이다. 때를 잘 살펴 과감하게 변화를 추진하면 일이 순조롭고 원활하게 진행될 수 있다. 사람이나 사물의 개혁 등 모두 길하다. 다만 바른 도를 지키는 개혁이라야 길하다. 기일(己日)에 변혁해야 한다는 것은, 기토(己土)는 변혁의 지점이기 때문이다.

초효(初爻)

효사

"초구(初九)는 황소의 가죽으로 묶는다."

풀이

황소 가죽으로 단단히 묶는 상이다. 아직은 일을 벌여서는 안 됨을 의미한다. 능력을 기르면서 (개혁의) 때를 기다린다.

이효(二爻)

> 효사

"육이(六二)는 기일(己日)이어야(시기가 무르익어야) 변혁할 수 있으니, 가면 길하여 허물이 없다."

> 풀이

그대로 해 나가면 길하여 허물이 없는 점이다.

삼효(三爻)

> 효사

"구삼(九三)은 가면 흉하고, 바르게 하며 위태롭게 여겨야 하니, 개혁해야 한다는 말이 세 번 합치하면 믿음이 있다."

> 풀이

조급하게 함부로 움직이면 위태로운 상이다. 개혁해야 한다는 여론이 세 번 나올 정도로 신중하게 일을 추진해야 한다. 능력만 믿고 함부로 추진하면 흉하다. 먼저 지지를 얻어라.

사효(四爻)

> 효사

"구사(九四)는 후회가 없으니, 믿음이 있으면 명(命)을 고쳐 길하다."

> 풀이

이 효는 후회할 것이 없다. 모두가 신뢰하고 있다면(있으니) 신념을 가지고 개혁을 단행하라. 그러면 길하다.

오효(五爻)

효사

"구오(九五)는 대인이 호랑이로 변하니(그 문양이 빛나는 것), 점을 치지 않아도 믿음이 있다."

풀이

대인이 호랑이로 변하여 그 문양이 빛나는 상이다. 이는 사심 없이 고치면 그 업적이 빛난다는 것이다. 점괘를 물어볼 필요도 없다. 대인의 덕으로 천하의 일을 고쳐 나가니, 일의 이치가 밝게 드러남이 마치 호랑이 무늬가 밝게 빛나고 드러나게 됨과 같다.

상효(上爻)

효사

"상육(上六)은 군자는 표범으로 변하고(그 무늬가 아름다운 것) 소인은 얼굴만 고치니, 가면 흉하고 바름에 거하면 길하다."

풀이

군자는 속까지 변하여 그 무늬가 아름답고, 소인은 겉모습만 바꾼 상이다. 이는 혁의 도가 이미 이루어진 것과 같다. 일을 진행함에 점을 해서 이 효를 얻어 일을 추진하면 흉하고, 바른 도에 자리하는 것이 길함을 말하고 있다.

50 화풍정(火風鼎)

정괘의 상

키워드 새것을 이루어 안정(형통)함.

괘사(卦辭)

"정(鼎)은 크게 길하여 형통하다."

풀이

'정(鼎)괘'가 나오면 옛것을 버리고 새것을 이루어 안정(형통, 발전)에 이르게 됨을 의미한다. 정괘는 크게 형통하니 크게 발전하는 것을 의미한다. 정(鼎)은 '새것을 이루는' 뜻이 있다. 묵은 것을 고쳐 새롭게 하는 데 길한 괘다. 쌀을 일어 솥에 넣으면 밥을 먹을 수 있으니, 일의 성취를 의미한다. 또 정괘는 솥발이 셋인 이유로 우주의 숫자인 '3'을 상징하기도 하니, 3이야말로 대안정의 수라 할 것이다.

초효(初爻)

효사

"초육(初六)은 솥발이 엎어졌지만 안 좋은 것을 쏟아 내니, 이롭다. 첩을 얻고 자식을 얻으니, 허물이 없어진다."

풀이

비록 잘못된 방도더라도 솥 안의 나쁜 것을 쏟아 내니 이로운 상이다. 솥을 비우면 새로운 것을 담아 삶을 수 있게 된다. 이로운 점이다.

이효(二爻)

효사

"구이는 솥에 내용물이 담겨 있다. 나의 상대가 병이 있어 나에게 오지 못할 것이니, 길하다."

풀이

속에 꽉 찬 내용물(능력)이 있으니, 나아갈 바를 신중히 해야 하는 상이다. 사사롭게 처신하지 말고 갈 바를 신중(정도(正道))하게 하면 솥에 들어 있는 밥이 잘 익게 되니, 길한 점이다. 중도를 지키며 처신을 잘해야 병이 있는 상대가 접근하지 못하는 것이다.

삼효(三爻)

효사

"구삼(九三)은 솥귀(육오)가 변하여 그 행함이 막혀 꿩고기를 먹지 못하나, 바야흐로 비가 내리면 후회가 결국 길하게 된다."

풀이

자신의 잘못으로 솥 안에 있는 맛있는 음식을 먹지 못하는 상이니 나아감이 막힌 상이 된다. 하지만 머잖아 화합의 비가 내려 음식을 먹을 수 있으니, 후회(반성, 변화)가 결국 길하게 된다. 이는 자신의 잘못으로 나아감이 막히나 나중에는 화합하여(잘 풀려) 나아가는 것으로 보면 된다.

사효(四爻)

효사

"구사(九四)는 솥발이 부러져 공(公)의 음식을 엎으니, 그 얼굴에 땀이

흘러 흉하다.”

공식 연회에서 솥의 다리가 부러져 윗사람에게 바칠 음식을 엎어버린 상이다. 이는 (일을 맡은 초육효가) 그 책임을 감당하지 못하여 일을 망치는 흉한 점이다. 대개 아랫사람이나 자신의 실수로 인해 지위가 추락하거나 명성에 흠이 가는 것을 암시한다.

오효(五爻)

“육오(六五)는 솥에 누런 귀와 금으로 된 고리가 달렸으니, 바르게 함이 이롭다.”

단단한 중도(中道)*를 지녔으니, 바르게만 하면 이로운 점이다. 육오는 세상을 안정으로 이끌 수 있는 자니, 다만 바르게 하라는 것이다.

상효(上爻)

“상구(上九)는 솥에 옥으로 된 고리가 달렸으니, 크게 길하여 이롭지 않음이 없다.”

중도를 이루었으니 크게 길하여 이롭지 않음이 없는 점이다. 상구는 세상을 안정시키는 솥(정(鼎))의 도를 이룬 것이다. 이는 솥 안에 익힌 맛

---

* 육오는 상괘의 가운데에 자리하여 중(中)을 얻었다.

있는 음식을 여러 사람이 먹게 하는 격으로, 세상을 이롭게 하는 것이니 크게 길하다.

51 중뢰진(重雷震)

진괘의 상

키워드 떨침, 진동함, 움직임.

괘사(卦辭)

"진(震)은 형통하니, 우레가 칠 때 두려워하면 웃고 말하는 것이 즐겁고, 우레가 백리를 놀라게 하는데 숟가락과 울창주를 잃지 않는다."

풀이

우레가 일어날 때 두려워하여 스스로를 돌아보고 삼간다면 도리어 길함에 이를 수 있음을 말하고 있으니, 점을 해서 '진(震)괘'가 나오면 좀 위태로우나 떨쳐 일어나 삼가고 신중히 나아가면 형통한다는 의미다. 진(震)은 '떨치다, 진동하다'는 뜻이 있다. 진괘는 '우레진괘'가 중복된 괘로, 우레가 쳐서 천지가 진동함에 놀라 두려워하는 상이 있다. 이럴 때는 삼가고 조심해야만 전화위복이 된다. 한편, 진괘는 커다란 발전이 가능한 괘이기도 하다.

초효(初爻)

효사

"초구(初九)는 우레가 칠 때 두려워해야만 나중에 웃고 말하는 것이 즐거우니, 길하다."

이 효는 사람이 하늘을 두려워할 줄 알아서 스스로를 돌아볼 수 있어야 복을 받는다는 말이다.

이효(二爻)

"육이(六二)는 우레가 침에 위태하여 재물을 잃고 높은 언덕에 오르니, 쫓지 않으면 7일 만에 다시 얻는다."

맹렬한 우레에 재물을 잃었으나 피하여 기다리니, 때가 되면 잃었던 것을 다시 회복하는 점이다. 일상에서 점을 해서 이 효를 얻으면 크게 놀라는 일이 생길 수가 있는데, 크게 교통사고를 당한 사례가 있다. 그러나 다치지는 않았고, 사건도 원만히 잘 해결되었다. 주역점은 응용이다. 물론 다양한 일들이 벌어질 수 있으나, 다른 효들도 이렇게 대입하여 앞일을 가늠하면 될 것이다.

삼효(三爻)

"육삼(六三)은 우레가 침에 정신이 망연하니, 두려워하면서 행하면 재앙은 없다."

우레가 쳐서 정신의 기운이 망연자실한 상이다. 우레가 진동하는 때에 두려워하면서 삼간다면 재앙은 없는 점이다.

사효(四爻)

효사

"구사(九四)는 우레가 떨치지 못하고 빠졌다."

풀이

우레가 진동을 못하고 빠져버린 상이다. 이는 나아가는 뜻을 잃게 된 것이니, 기운이 쇠한 듯 자신의 재능을 충분히 발휘하지 못하는 점이다.

오효(五爻)

효사

"육오(六五)는 우레가 왕래함에 위태로우니, 그 일(중도)을 잃지 않아야 한다."

풀이

상황이 위태로우니 중도(中道)*를 잃지 말라고 경계한 점이다. 우레가 쳐서 위태하나 중도를 잃지 않으면 크게 잃을 것이 없고 나아갈 수 있게 된다. 일을 진행함에 이 효를 얻으면 운기가 위태로움과 같으니, 중도를 잃지 않고 나아간다면 하는 일을 염려할 필요가 없다고 보면 된다.

상효(上爻)

효사

"상육(上六)은 우레가 침에 더듬으며 두리번거리는 것이니, 가면 흉하다. 우레가 자기에게 이르지 않고 그 이웃에 이르면 허물이 없을 것이니, 혼인한 자들은 말썽이 있을 것이다."

---

* 육오는 상괘의 가운데에 자리하여 중(中)을 이루었다.

풀이

우레가 쳐서 놀라고 두려워 심신이 불안한 상이다. 이 상태로 나아가
면 흉하다. 아직 재앙이 상육에게 이르지 않았으니, 먼저 이웃에 떨어진
재앙을 보고 반성하면 허물이 없는 점이다. "혼인한 자들은 말썽이 있
을 것"이라는 것은 제 짝(육삼 = 음효)이 아니니 구하지 말라는 것이다.
이는 함부로 나아가 짝을 구하지도, 일을 도모하지도 말고 반성하며 가
만히 있으라는 것이다.

52 중산간(重山艮)

 간괘의 상

키워드 멈춤, 그침, 끝마침.

괘사(卦辭)

"간(艮)은 등에서 멈추면 그 몸(사사로운 나)을 얻지 못하고, 뜰(매우 가까운 곳)에 가서도 사람을 보지 못하니, 허물이 없다."

풀이

'간(艮)괘'가 나오면 멈추고 그치라는 뜻인데, 한편으로는 '끝마치다'의 의미도 있다. 간(艮)은 '멈추다, 그치다, 끝마치다'의 의미다. 즉, 간(艮)은 멈추고 정지하는 것을 뜻한다. 간괘는 산에 가로막혀 멈춰선 상이다. 하지만 장차 길하여지는 뜻을 내포하고 있으니, 지금은 후일을 위해 조용히 실력을 배양하고 스스로를 돌아보는 시간을 지닐 필요가 있다. 그러나 다른 의미로 산에 다다름(끝마침, 완수)을 의미하기 때문에 하는 일에 있어 마침을 의미하는 한편, 경쟁을 하는 일에 있어 승리를 암시하는 괘이기도 하다.

초효(初爻)

효사

"초육(初六)은 그 발에 멈춤으로 허물이 없으니, 길이 바르게 함이 이롭다."

> **풀이**

초기에 멈추면 바름을 잃지 않아 허물이 없으니, 오래도록 바르게 해
야 이로운 점이다. 경거망동하지 말고 바르게 그쳐 있으라는 점이다.

이효(二爻)

> **효사**

"육이(六二)는 그 장딴지에 멈춤이니, 구제하지 못하고 따르게 되어
그 마음이 불쾌하다."

> **풀이**

억지로 (구삼을) 따를 수밖에 없어 마음이 불쾌한 상이다. 그러니 자
신의 뜻을 펼칠 수 없다. 자신의 말을 듣지 않으니 따르는 구삼을 구제
할 수도 없다. 본의 아니게 멈추게 되니 답답하고, 불쾌함을 의미한다.

삼효(三爻)

> **효사**

"구삼(九三)은 그 허리(위와 아래의 경계점)에 멈춤으로 등골이 벌려지
니, 위태로움(불안한 형세)이 마음을 태운다."

> **풀이**

나아가야 하는데 멈추게 되니, 근심이 그 마음을 태우는 형국이다.

사효(四爻)

> **효사**

"육사(六四)는 그 몸에 멈춤이니 허물이 없다."

그 몸에서 멈추는 것으로, 그칠 만한 때 그치니 허물은 없는 점이다. 다만 그 몸에서 그치는 것이니, 자신의 안위만을 챙길 뿐이나 허물이 되지는 않는다.

오효(五爻)

효사

"육오(六五)는 그 볼에 멈춤이니, 말에 질서가 있어 후회가 없다."

풀이

말을 삼가고 말을 도리에 맞게(질서 있게) 하니, 말로 인해 생기는 후회가 없는 상이다. 입을 잘 다스리는 것이니, 타인을 감화시키고 일에 있어서는 순서 있게 잘 진행된다고 보는 것이다.

상효(上爻)

효사

"상구(上九)는 도탑게 멈춤이니, 길하다."

풀이

고요히 자신의 본분을 지키니, 모든 일에 유종의 미를 거두는 길한 점이다. 도와 덕을 유지할 수 있으니 길한 것이다.

53 풍산점(風山漸)

  점괘의 상

키워드 점진적으로 나아감.

괘사(卦辭)

"점(漸)은 여자가 시집가는 것이 길하니, 바르게 함이 이롭다."

풀이

'점(漸)괘'가 나오면 점진적으로 나아간다는 뜻이니, 바름을 지켜야
이로움을 의미한다. 점(漸)은 '점진적으로 나아간다'는 뜻이다. 점괘는
일의 과정이 순서에 따라 나아가야 함을 의미하니, 한 걸음씩 점진적으
로 나아갈 것을 가르친다. 적은 것이 쌓여 크게 되는 상이다. 결혼에 길
한 괘다.

초효(初爻)

효사

"초육(初六)은 기러기가 물가에 점차 나아감이니, 소자는 위태롭게
여겨 말이 있으나 허물이 없다."

풀이

신중하게 순리를 따르면 점차 앞으로 나아갈 수 있는 운이다. 운이 점
차 열리는 형국이니, 멀리 내다보고 천천히 점진적으로 나아가야 한다.

이효(二爻)

효사

"육이(六二)는 기러기가 반석에 점차 나아감이라, 음식을 먹는 것이 즐겁고 즐거우니 길하다."

풀이

그 나아감이 즐겁고 즐거우니 길한 점이다. 안정되게 나아가니 뜻하는 바가 순조롭게 진행된다. 한편, 많은 식객과 더불어 주식(酒食)을 즐기는 상이 있다.

삼효(三爻)

효사

"구삼(九三)은 기러기가 뭍으로 점차 나아감이니, 남편은 가면 돌아오지 않고 아내는 잉태를 해도 기르지 못해 흉하니, 도적을 막는 것이 이롭다."

풀이

남편은 가면 돌아오지 않고 아내는 아이를 낳더라도 기르지 못하는 상이니, 이는 모두 바른 도를 잃었기 때문에 흉한 점이다. 오직 정도(正道)를 지켜 나간다면 도적(부정(不正))을 막게 되어 흉함을 피할 수 있을 것이다.

사효(四爻)

효사

"육사(六四)는 기러기가 나무로 점차 나아감이니, 혹 그 평평한 가지를 얻으면 허물이 없다."

유순하고 공손하게 처신하면 점차 안정으로 나아가는 상이다. 정도(正道)를 따라 자신을 낮추어 겸손하면 안정을 얻게 되는 점이다.

오효(五爻)

효사

"구오(九五)는 기러기가 높은 언덕(군주의 지위)으로 점차 나아감이니, 여자(육이효)가 3년 동안 잉태하지 못하나 (그들을 가로막은 구삼과 육사는) 끝내는 이기지 못하여 길하다."

풀이

군주의 지위로 점차 나아가는 상이다. 비록 처음은 장애로 인해 막힘이 있거나 뜻하는 바가 정체되는 것 같지만, 중정(中正)*하므로 누구도 가는 길을 막지 못한다. 천천히 그 뜻을 이루니 끝내 길한 점이다.

상효(上爻)

효사

"상구(上九)는 기러기가 하늘 위로 점차 나아감이니, 그 깃이 모범이 될 만하여 길하다."

풀이

기러기가 모든 과정을 차례로 거쳐 마침내 하늘 위로 날아오르는 점진적 성공의 상이다. 나아가는 데 막히는 것이 없으니, 뜻한 바를 크게 이룬다. 타의 모범이 될 만하니 길한 것이다. 풍산점괘가 여기에 이르러 완성된다.

---

* 구오는 양이 양의 자리에 임하여 정(正)하고, 상괘의 가운데에 위치하여 중(中)을 얻었으니 중정(中正)한 것이다. 또한 오효는 군주의 위치로 본다.

54 뇌택귀매 (雷澤歸妹)

귀매괘의 상

키워드 여자의 출가, 출발의 중요성

괘사(卦辭)

"귀매(歸妹)는 함부로 가면 흉하니 이로운 바가 없다."

풀이

이 괘는 출발의 중요성을 논하는 괘로, 행위가 정당하거나 마땅하지 않다면 함부로 나아가는 것은 흉함을 경계하는 괘다. 이 괘를 얻었을 때는 매사 조심해야 하고, 적극적으로 나서면 흉하다. 일을 도모함에 있어, 혹은 혼인점에서 이 괘를 얻었다고 해서 무조건 흉하다고 보는 건 맞지 않으니, 함부로 나아가면 흉하다는 것이다. 이 괘가 나오면 좋지는 않으나 일의 길흉이나 성패 여부는 미정이다. 다만 적극적으로 일을 도모할 수 없어 좋지 못한 것이다. 초혼일 경우 혼인점에서 귀매괘를 얻으면 대체적으로 중지하는 것이 좋다.

초효(初爻)

효사

"초구(初九)는 시집을 감에 제(첩)로써 가는 것이니, 절름발이가 걷는 것이지만 가면 길하다."

풀이

첩으로 시집가는 상이다. 정실이 아닌 이유로 뜻을 주체적으로 펴지 못하니 절름발이가 걸어가는 것과도 같다. 가면 길하다고 했으나 일을 도모함에 이 효를 얻으면 하지 않는 것이 낫고, 성사되기 어려움을 의미한다.

이효(二爻)

효사

"구이(九二)는 애꾸가 보는 것이니, 은자의 바름이 이롭다."

풀이

애꾸눈이 보는 것처럼, 고요한 은둔자처럼 처신하는 것이 이로운 상이다. 중(中)*을 얻은 구이는 스스로 능력이 있으나 애꾸눈이 보는 것처럼 밝은 지혜를 감추고, 고요히 은거하는 이처럼 처신해야 이롭다.

삼효(三爻)

효사

"육삼(六三)은 시집을 감에 기다리는 것이니, 첩으로 시집간다."

풀이

시집갈 데가 없어 기다리다 첩으로 시집을 가는 상이다. 자신의 분수를 알고 운명에 순종해야 하는 점이다. 이 효를 얻으면 무엇을 구하든 뜻을 온전히 이루기는 어렵다고 본다.

---

* 구이는 음의 자리에 양이 와서 정(正)은 아니나 하괘의 가운데에 위치하여 중(中)을 이루었다.

사효(四爻)

"구사(九四)는 시집을 감에 혼기가 지난 것이니, 더딘 것은 다 때가 있기 때문이다."

풀이

혼기가 지난 여인이 망동하지 않고 좋은 인연을 기다리는 상이다. 때를 기다리는 것이다. 일이나 혼인의 성사 여부를 두고 점을 해서 이 효를 얻으면 뒤늦게 성사된다고 본다.

오효(五爻)

효사

"육오(六五)는 제을이 누이를 시집보내는 것이니, 본처의 소매가 첩의 소매보다 낫지 않으니, 달이 거의 차면 길하다."

풀이

귀한 지위에 있는 이가 자기보다 신분이 낮은 이에게 시집을 가는 격이니, 달이 덜 찬 것처럼 중도(中道)＊로써 비우고 겸손하면 자연 길한 점이다.

상효(上爻)

효사

"상육(上六)은 여자가 광주리를 이나 담긴 것이 없고, 남자가 양을 베나 피가 없으니 이로운 바가 없다."

＊ 육오는 상괘의 가운데에 자리하여 중(中)을 이루었다.

풀이

아내나 남편이나 결실을 맺지(책임을 마치지) 못하는 상이니, 어디에
도 이로운 바가 없는 점이다.

55 뇌화풍 (雷火豊)

풍괘의 상

키워드 풍성함, 성대함.

괘사(卦辭)

"풍(豊)은 형통하다. 왕만이 이에 이를 수 있으니, 근심함 없이 해가 중천에 오른 듯이 해야 한다."

풀이

일을 도모함을 두고 점을 해서 '풍(豊)괘'가 나오면 중도로써 해 나가면 성대함에 이를 수 있음을 의미한다. 풍(豊)은 '풍성하다, 성대하다'의 뜻이다. 밝음으로써 움직이니 성대한 형세다. 그러나 점차 그 성대함이 꺾이는 상도 있다. 따라서 새로운 일을 벌이기보다는 유지하는 것에 집중하는 것이 좋다. 풍성함에 이르기 위해서는 성군 같은 바른 덕으로서만이 이러한 경지에 이를 수 있으니, 중천에 뜬 태양처럼 천하를 비춰야 한다.

초효(初爻)

효사

"초구(初九)는 짝이 되는 주인(구사)을 만나되 대등하게 해도 허물이 없으니, 가면 숭상함이 있다."

풀이

뜻을 같이하여 나갈 이(구사, 주인)를 만나는 상이다. (윗사람이지만) 대등한 관계라도 허물은 없으니, 그대로 가면 높임(칭찬)을 받게 된다. 그러나 대등함을 넘어 위에 서려 해서는 안 된다.

이효(二爻)

효사

"육이(六二)는 덮개를 풍성하게 하니, 한낮에도 북두성을 본다. 이럴 때 가면 의심과 미움을 받지만, 믿음을 두면 길하다."

풀이

낮인데도 밤같이 어두운 상이다. 이러한 때에 무리하게 나아가면 의심과 미움을 받게 될 것이니, 믿음과 성실함으로써 군주(육오, 윗사람, 하늘)의 신임을 받게 되면 길하다. 즉 무리하게 나아가지 말고 신의로써 자신의 본분(위치)을 지키면 길하다.

삼효(三爻)

효사

"구삼(九三)은 깃발을 풍성하게 하니 한낮에도 작은 별을 본다. 오른 팔(상육)이 부러지니 탓할 곳이 없다."

풀이

(위로) 호응하는 사람이 없으면 풍요를 이룰 수가 없다. 구삼은 윗사람(상육)을 만났으나 (의지)할 수 있는 것이 없으니, 일을 도모할 수 없다. 마치 오른팔을 잃은 것과도 같으니 일을 이루기 어렵다.

사효(四爻)

효사

"구사(九四)는 덮개를 풍성하게 하니, 한낮에도 북두성을 본다. 이럴 때 대등한 상대(초구)를 만나면 길하다."

풀이

낮인데도 밤처럼 어두운 상이다. 이러한 때에 자신을 낮추어 뜻을 같이하여 나갈 이(초구, 대등한 주인)를 만나면 길하다.

오효(五爻)

효사

"육오(六五)는 아름다운 것(빛, 육이)을 오게 하면 경사와 영예가 있어 길하다."

풀이

능력 있는 자(육이)를 등용시킴으로써 경사와 영예가 있는 상이다. 중도로써 겸손한 마음을 가지고 자신의 부족함을 채워 줄 이들을 맞이하니, 길한 것이다. 자신의 부족함을 채워 줄 이들이란 다른 누군가가 될 수도 있지만, 일면으로는 스스로의 내면에서 아름다움을 불러일으키는 것에 비유될 수도 있다.

상효(上爻)

효사

"상육(上六)은 집을 풍성하게 하고, 그 집을 덮어 놓았다. 그 문을 통해 엿보니, 사람이 없어 고요하고 3년이 되도록 만나지 못하니 흉하다."

지나친 것을 경계해야 하는데 욕심이 지나쳐 집을 풍성하게 꾸미고 다른 사람이 볼까 봐 감추는 상이다. 일체의 관계를 끊듯 더불어 할 사람이 없어서 흉한 점이다.

56 화산여(火山旅)

여괘의 상

키워드 여행

괘사(卦辭)

"여(旅)는 조금 형통하니, 바르게 하면 길하다."

풀이

'여(旅)괘'가 나오면 조심하고 신중해야 하며, 바르게 해야 함을 의미한다. 그래야 조금 형통하다. '여행'을 의미하는 여괘는 떠돌아다니는 나그네의 운이다. 나그네는 유순하면서 겸손하게 자신을 낮추는 자세를 갖춰야 한다. 그래야 조금 형통한다. 이 괘를 얻었을 때는 잠시 내려놓고 휴식을 취하는 것이 좋다. 작은 일에는 나쁘지 않다. 옮겨 다니는 여행이나 이사 등에 길한 괘다.

초효(初爻)

효사

"초육(初六)은 여행 중에 자질구레하니, 이 때문에 재앙을 취하게 된다."

풀이

조심하고 신중해야 할 나그네가 처신을 잘못하여 재앙을 취하는 점이다.

이효(二爻)

효사

"육이(六二)는 여행 중에 여관에 들어가 노자를 가지고 어린 종복의 믿음을 얻는다."

풀이

나그네가 중정(中正)*을 지키니, 몸과 마음은 편안하고 삶은 여유 있어지는 점이다.

삼효(三爻)

효사

"구삼(九三)은 여행 중에 그 여관을 불태우고 어린 종복의 믿음을 잃으니, 위태롭다."

풀이

나그네의 자만과 교만, 과도함으로 인해 위태로운 상이다. 거처할 바 (집, 직장, 신념)를 잃었으니, 편안함을 잃고 사람들의 마음(민심)을 잃는 점이다.

사효(四爻)

효사

"구사(九四)는 여행 중에 거처하게 되고 노자와 도끼를 얻지만, 나의

---

* 육이는 음의 자리에 음효가 와서 정(正)하고, 하괘의 가운데에 위치하여 중(中)을 얻었으니 중정(中正)한 것이다.

마음은 불쾌하다."

풀이

나그네로서 부족함이 없으나 마음이 편치 않은 상이다. 부족함 없이 누리지만 자신의 뜻을 현실에서 펴지 못해 마음은 편치 못한 것이다.

오효(五爻)

효사

"육오(六五)는 꿩을 쏘아서 한 화살에 잡으니, 끝내 영예와 복록을 얻는다."

풀이

능력과 덕(중(中)*)을 지녀 다른 이들의 뜻을 얻는 상이니, 아름다운 영예와 복록을 얻는 점이다.

상효(上爻)

효사

"상구(上九)는 새가 둥지를 불태우니, 나그네가 먼저는 웃지만 뒤에는 울부짖는다. 소홀하여 소(덕)를 잃으니 흉하다."

풀이

나그네가 처음에는 유쾌하게 웃었으나 결국 편안한 터전을 잃고 울부짖는 형국이다. 덕을 잃어버리니 흉하고, 인생의 나그네 길이 허망한 점이다.

---

* 육오는 상괘의 가운데에 자리하여 중도(中道)를 이루었다.

57 중풍손(重風巽)

손괘의 상

키워드 공손함, 유순함, 순종의 지혜

괘사(卦辭)

"손(巽)은 조금 형통하니, 가는 바를 둠이 이롭고 대인을 봄이 이롭다."

풀이

'손(巽)괘'가 나오면 순종의 지혜를 갖추고 나아갈 것을 의미한다. 손(巽)은 '공손하고 유순하게 순종하는 것'을 뜻하니, 순종의 지혜를 의미한다. 동시에 손(巽)은 '바람'을 의미한다. 일반적으로 바람은 유순하게 순종하는 성질이 있다. 손괘는 조금 발전하는 것이다. 따라서 적극적으로 일을 추진하여 나가면 작은 일은 순조로운 성과를 거둘 수 있다.

초효(初爻)

효사

"초육(初六)은 나아갔다가 물러남이니, 무인의 바름이 이롭다."

풀이

마음이 굳지 못해 갈팡질팡하는 상이다. 이때는 무인과 같은 바름으로 뜻을 세우면 자신을 다스릴 수 있다. 자기의 뜻을 다스려서 애초에 마음먹은 대로 나아가야 좋다.

이효(二爻)

효사

"구이(九二)는 공손함이 평상 아래에 있으니, 축사와 무당을 많이 쓰면 길하고 허물이 없다."

풀이

공손함이 과도한 상이다. 이때에는 지성으로써 행하면 길하고 허물이 없다. 구이는 양효가 중(中)*의 위치에 자리하여 마음속에 진실함으로 꽉 찬 모습이다. 진실된 정성으로 하늘(사람들)을 감동시키기에 충분하다.

삼효(三爻)

효사

"구삼(九三)은 빈번하게 공손하니, 부끄럽다."

풀이

겉으로만 공손한 체하는 상으로, 강하기만 하여 마음으로 공손하기 어려운 경우다. 이는 매우 부끄러워할 만하다. 점을 해서 이 효를 얻으면 진실된 마음으로 중심을 잡고 흔들림 없이 나아가야 함을 암시한다.

사효(四爻)

효사

"육사(六四)는 후회가 없어지니, 사냥하여 삼품(三品)을 얻는다."

---

* 구이는 하괘의 가운데에 자리했으니 중(中)을 이루었다.

풀이

사냥하여 세 가지의 물건을 얻는 상이다. 공손하게 자신을 낮추어 행하니 후회될 일이 없고, 공을 이루는 것이다. 길한 점이다.

오효(五爻)

효사

"구오(九五)는 바르게 하면 길하여 후회가 없어서 이롭지 않음이 없으니, 처음은 없지만 마침은 있다. 선경삼일(先庚三日)하고 후경삼일(後庚三日)하면 길하다."

풀이

중도로써 바르게 행하면 후회됨이 없으니, 이롭지 않은 바가 없는 점이다. 처음에는 좋지 못하나, 마침이 있으니 유종의 미를 거두게 된다. 일에 있어 사전의 준비와 사후의 처리를 신경 쓰면 길하다.

상효(上爻)

효사

"상구(上九)는 공손함이 평상 아래에 있어 재물과 도끼를 잃으니, 바르더라도 흉하다."

풀이

과도하게 공손하여 재물과 권위를 잃은 상이다. 바르더라도 흉한 점이다. 처신을 잘못함으로써 잃게 된 것이다.

58 중택태(重澤兌)

태괘의 상

키워드 기쁨, 구설

괘사(卦辭)

"태(兌)는 형통하니, 바르게 함이 이롭다."

풀이

기쁨을 의미하는 반면, 구설이나 분쟁을 의미한다. 태(兌)는 '기쁨'의 뜻으로, 즐거움을 말한다. 태괘가 지닌 못의 상으로 인해 만물을 기쁘게 하는 상이 있다. 늘 기쁜 마음을 지니고 바르게 나아간다면 점차로 좋은 운을 만날 수 있는 괘다. 하여 태괘는 형통하니, 바르게 함이 이롭다.

초효(初爻)

효사

"초구(初九)는 조화함으로써 기쁘게 함이니, 길하다."

풀이

능히 화합하고 친화력이 있어 길한 점이다.

이효(二爻)

효사

"구이(九二)는 믿음으로써 기쁘게 함이니, 길하고 후회가 없다."

풀이

사람들을 대함에 신의로써 하면 길하고, 후회될 일이 없는 점이다.

삼효(三爻)

효사

"육삼(六三)은 와서 기쁘게 함이니, 흉하다."

풀이

중심을 지키지 않고 남에게 영합하여 즐겨하니, 흉한 점이다. 중정(中正)을 지켜야 한다.

사효(四爻)

효사

"구사(九四)는 헤아리며 기쁘게 해서 편안하지 못하니, 분별해서 미워하면 기쁨이 있다."

풀이

비교하고 계산하느라 편안하지 못한 상이다. 그러나 선악을 분별하고 이치를 따라 잘 판별하여 결단하면 기쁨이 있는 점이다. 부정(불의)을 미워하고 정도를 지켜야 한다.

오효(五爻)

효사

"구오(九五)는 깎는 것(상육)을 믿으면 위태로움이 있다."

풀이

음인(깎는 자)을 가까이 하여 믿으면 위태롭다는 경계의 상이다. 일을 도모함을 두고 점을 해서 이 효를 얻으면 호랑이 꼬리를 밟듯 매사 방심하지 말고 중(中)을 지켜 바르게 행하면 잘 이루어질 것을 암시한다.

상효(上爻)

효사

"상육(上六)은 이끌어 기쁘게 함이다."

풀이

사람들을 끌어들여 기쁘게 하는 것이니, 빛나는 일이 못 되므로 정도가 아니다. 바르게 정도를 걷고, 순리대로 이치를 따라야 하는 점이다.

59 풍수환(風水渙)

환괘의 상

키워드 흩어짐, 풀어짐.

괘사(卦辭)

"환(渙)은 형통하다. 왕이 종묘를 두니(민심이 따르게 함.), 큰 강을 건
넘이 이롭고 바르게 함이 이롭다."

풀이

'환(渙)괘'가 나오면 모든 것이 흩어지는 때이니, 바르게 함이 이로움
을 의미한다. 환(渙)은 '흩어지다, 풀어지다'는 의미를 지닌다. 환괘는 지
금까지의 모든 정체가 흩어지고 풀리는 새로운 발전의 상을 나타내지
만, 좋은 것이 흩어지는 상도 있으니 스스로를 다잡아 바르게 노력함이
이롭다. 환괘는 흩어진 민심도 다시 모일 수 있음을 암시함과 동시에 단
순히 민심이 흩어짐을 의미하기도 한다.

초효(初爻)

효사

"초육(初六)은 환(渙, 흩어짐)을 구제하되 말(구이)이 건장하니, 길하
다."

풀이

어려운 시기에 능력 있는 자(구이)를 만나 순종하니 도움이 큰 상이

다. 점을 해서 이 효가 나오면 누군가(구이, 귀인, 하늘)의 도움(의지)을 받는 것이니, 유순하게 행동해야 한다. 길한 점이다.

이효(二爻)

효사

"구이(九二)는 환(渙, 흩어지는 때)에 그 탁상(초육)으로 달려가면 후회가 없어진다."

풀이

의지할 곳(초육, 귀인, 하늘)을 찾아가 함께하는 상이니, 서로 도와 원하는 바를 얻어 후회가 없어진다.

삼효(三爻)

효사

"육삼(六三)은 환(渙)에 그 몸에만 후회가 없다."

풀이

자신에게 있는 안 좋은 것들을 흩어버리고, 자신의 이로움을 추구하는 상이다. 천하의 환(흩어짐)은 구제하지 못하지만 자신의 이로움을 도모하므로 후회가 없다. 예를 들면, 여러 사람이 정도를 벗어날 때 홀로 빠져나온다. 또 모두가 어려운 때를 당해도 홀로 빠져나온다. 그 몸에는 후회가 없는 점이다.

사효(四爻)

효사

"육사(六四)는 환(渙, 흩어지는 때)에 그 무리를 이루니, 크게 길하다. 환에 언덕처럼 모이는 것은 보통 사람이 생각할 수 있는 바가 아니다."

풀이

사람들의 안 좋은 것(습관, 풍조, 생각)을 흩어버리니 크게 길한 점이다. 안 좋은 것을 흩어버린 그들이 언덕처럼 모이는 것은 보통 사람이 생각할 수 있는 것이 아니다. 점을 해서 이 효를 얻으면 도모하는 일이 사람들을 언덕처럼 모이게 하는, 크게 길한 결과를 가져 온다고 보면 된다. 이 효는 점자를 일부 치켜세워 주는 뜻이 있다.

오효(五爻)

효사

"구오(九五)는 환(渙, 흩어지는 때)에, 몸에 땀이 나듯 큰 호령을 내리면 환에 왕의 거함에 걸맞으니 허물이 없다."

풀이

사람들의 마음에 땀이 스며들듯 하여 흩어진 민심을 얻는 상이다. 이는 왕*의 지위에 걸맞으니 허물이 없다.

상효(上爻)

효사

"상구(上九)는 환(渙)에 피(근심)가 가고 두려움에서 벗어나면 허물이 없다."

풀이

두려운 데서 벗어나 근심을 흩어버리면 허물이 없는 점이다. 일을 도모함을 두고 이 효를 얻으면 피해 갈 것이 있음을 알려 주고 있다.

---

* 오효는 군주의 자리로 본다.

60 수택절(水澤節)

절괘의 상

키워드 절제의 도

괘사(卦辭)

"절(節)은 형통하니, 고절(苦節, 괴로운 절제)은 바를 수가 없다."

풀이

'절(節)괘'가 나오면 중(中)을 지켜 절제하면 형통함을 의미한다. 절(節)은 '절제하다'의 의미를 지닌다. '수택절괘'는 검소하고, 절도를 지켜 절제해야 함을 의미한다. 물론 정도를 지켜 지나침이 없게 해야 한다. "절(節)은 형통하다." 했으니, 매사 절제 있게 행하면 형통할 것이다.

초효(初爻)

효사

"초구(初九)는 방문 밖 정원(호정(戶庭))에 나가지 않으면 허물이 없다."

풀이

지금은 때가 아님을 알고 머물러 있으면 허물이 없는 점이다. 이는 방문 밖의 정원에도 나가지 말라는 말이다.

이효(二爻)

"구이(九二)는 대문 안의 정원(문정(門庭))을 나서지 않으니, 흉하다."

때가 왔는데 나가지 않아 기회를 놓치는 상이다. 나가야 하는데 나가지 않아 흉한 것이다. 이는 정원의 문을 열고 정원 밖으로 나가지 않아서 흉하다는 말이다.

삼효(三爻)

"육삼(六三)은 절제하지 않으면(부절(不節)) 곧 한탄하게 되니 탓할 곳이 없다."

스스로 절제하지 않으면 한탄할 거라고 경고하는 점이다. 마땅히 본분을 지켜야 함에도 정도를 지나쳐 절제하지 않는다면 탓할 곳이 없다.

사효(四爻)

"육사(六四)는 안절(安節, 편안한 절제)이니, 형통하다."

절제가 안정을 이루어 형통한 상이다. 자신의 본분을 지키고, 능력과 지위를 망각하지 않으니 만사가 순조롭다.

오효(五爻)

> **효사**

"구오(九五)는 감절(甘節, 감미로운 절제)이라 길하니, 그대로 가면 숭상함이 있다."

> **풀이**

감절(甘節, 곧 중절(中節, 중도에 부합하는 절제, 절제의 최고봉))이라서 길하니, 그대로 가면 숭상함(가상할 만한 일)이 있는 점이다. 능히 스스로를 다스리니 길하고, 자신의 본분을 지켜 안정을 이루니 사람들이 따르고 영예롭다.

상효(上爻)

> **효사**

"상육(上六)은 고절(苦節, 괴로운·과도한 절제)이라 바르더라도 흉하나 후회하면 흉함이 없어진다."

> **풀이**

괴로운(과도한) 절제(고절(苦節))이니 정도를 벗어난 상이다. 바르더라도 흉하나, 뉘우쳐 중(中)을 따르면 흉함이 사라진다.

61 풍택중부(風澤中孚)

중부괘의 상

키워드 정성, 믿음

괘사(卦辭)

"중부(中孚)는 (진실한 믿음이) 돼지와 물고기에까지 미치면 길하니, 큰 강을 건넘이 이롭고 바르게 함이 이롭다."

> **풀이**

이 괘는 마음에 정성되고 진실된 믿음이 있으면 이로움을 의미한다. 중부(中孚)는 '성심(誠心)'의 뜻으로, 중부괘는 정성과 믿음으로 세상의 감화를 논한다. 진실되고 정성스런 믿음이 미물에까지 미치면 하늘도 감응해 도와주는 상이다. 성심이 있는 사람에게는 길한 괘다. 어렵고 힘든 일이나 큰일을 수행해도 성의를 다한다면 순조롭게 성공하는 운이다.

초효(初爻)

> **효사**

"초구(初九)는 편안하게 믿음을 지키면 길하니, 다른 마음을 두면 편안하지 못하다."

> **풀이**

믿어야 할 바(정도(正道))를 지키면 길한 상이다. 그러나 다른 마음을 가지면 편안하지 못하다. 믿을 만한 바를 얻었으면 중심을 잘 지켜 변치 말아야 함을 강조하는 점이다. 따라서 이랬다저랬다 하지 말고 바른 도를 따르라.

이효(二爻)

> **효사**

"구이(九二)는 우는 학(구오)이 그늘에 있으니 그 새끼(구이)가 화답한다. 내게 있는 좋은 술잔(벼슬)을 너와 함께 나누리라."

> **풀이**

진실된 마음이 통하여 서로 호응하는 상이다. 진실이 통하는 이와 함께 뜻을 펼친다. 서로 진실이 통하면 안 되는 일이 없다. 길한 점이다.

삼효(三爻)

> **효사**

"육삼(六三)은 적(상구)을 만나서 혹 북 치고, 혹 그치고, 혹 울고, 혹 노래한다."

> **풀이**

중부의 믿음이 부족하여 두 마음이 같지 않고 저절로 분열만 짓는 상이다. 일관성이 없이 수시로 번복하고 변하는 것이니, 믿음이 부족하여 그 뜻이 굳지 못한 것이다.

사효(四爻)

> **효사**

"육사(六四)는 달이 거의 보름이니 말의 짝(초구)을 잃으면 허물이 없다."

풀이

중부의 믿음이 충만한 것이니, 공을 이루기 위해서는 사사로움(초구)을 끊고 나아가야 허물이 없음을 의미하는 점이다.

오효(五爻)

효사

"구오(九五)는 정성된 믿음으로 잡아매면 허물이 없다."

풀이

믿음으로써 사람들의 마음을 단단하게 결속시키면 허물이 없는 점이다. 중부(믿음, 정성)의 도로써 행하여 백성을 이끌면 백성이 믿음으로 따르니, 군주*로서 허물이 없게 된다. 한 가정의 가장이나 조직의 수장은 모두가 자신을 믿고 따르도록 신(信)을 실천하라는 것이다.

상효(上爻)

효사

"상구(上九)는 새 날갯짓 소리가 하늘로 올라가니, 바르더라도 흉하다."

풀이

중부의 믿음을 상실한 자가 하늘까지 오르는 상이다. (그 명성은) 오래가지 못하리니, 별다른 잘못이 없더라도 흉한 점이다.

---

* 오효는 군주의 지위이니 구오를 '군주'에 빗대었다.

62 뇌산소과 (雷山小過)

소과괘의 상

키워드 다소 지나침, 약간의 과오

괘사(卦辭)

"소과(小過)는 형통하니, 바르게 함이 이롭다. 작은 일은 할 수 있지만 큰일은 할 수 없으니, 나는 새가 소리를 남김에 위로 향함은 마땅하지 않고 아래로 향함이 마땅하니, 크게 길하다."

풀이

이 괘는 다소 지나침, 약간의 과오가 있음을 의미한다. 힘이 약한 새가 높이 날아오르면 흉하다는 것을 경고하는 점이다. 따라서 위를 쳐다보면 흉하고, 아래로 땅을 향하는 착실한 자세를 가지면 길하다. 소과괘는 현재에 순응하며 소박하게 살아가면 만사가 순조롭다. 작은 일은 할 수 있지만 큰일은 할 수 없는 상이니, 큰일에는 좋지 못한 괘다.

초효(初爻)

효사

"초육(初六)은 나는 새니, 흉하다."

풀이

소과의 때에 위를 향하니 흉한 점이다. 제 힘을 모른 채 비상을 꿈꾸면 흉하다.

이효(二爻)

효사

"육이(六二)는 할아버지를 지나가 할머니를 만남이니, 임금에 미치지 않고 그 신하를 만나면(도리에 합당) 허물이 없다."

풀이

순리대로 차례를 지켜 임금을 만나지 않고 그 신하와 만나는 상이다. 이는 순리대로 행하고 본분을 지켜 이치와 도리에 합당하게 행하라는 것이다.

삼효(三爻)

효사

"구삼(九三)은 지나치게 방비하지 않으면 따라와 혹 해치니, 흉하다."

풀이

불시에 다가오는 재앙을 피해야 되는 상이다. 지나치다 싶을 정도로 과도하게 방비하면 흉하게 되는 것을 피할 수 있다.

사효(四爻)

효사

"구사(九四)는 허물이 없으니 지나치지 않아 적당하다. 가면 위태로우니 반드시 경계하되 길이 고집하지 말아야 한다."

풀이

음이 과도한 때(소과의 때)를 만났으니 나아감을 자제해야 하는 상이다. 이때는 분수를 지키며 함부로 나아가지 말고 겸손하게 때를 잘 살펴야 한다. "길이 고집하지 말아야 한다."는 말은 때를 잘 살펴 후일 때가 오거든 흐름에 타도 좋다는 말이다.

오효(五爻)

효사

"육오(六五)는 구름이 빽빽하지만 비가 내리지 않음은 나의 서쪽 교외로부터 왔기 때문이니, 공이 저 구멍에 있는 것(육이)을 쏘아서 잡는다."

풀이

음이 과도(소과)하고 능력 또한 부족해서 큰일은 이루기가 어려운 상이다. 일을 도모하려면 자신의 부족함을 메워 줄 조력자(사람, 하늘)가 필요하다. 겸손하게 행해야 한다.

상효(上爻)

효사

"상육(上六)은 적당하지 않고 지나치다. 나는 새가 떠나가 흉하니, 이를 재생(災眚)이라 한다."

풀이

자신의 본분을 망각한 채 적당함을 모르고 날아오르니 흉한 점이다. 정도를 벗어나는 속도가 새와 같이 빠르니 흉하다. 이는 재앙(천재와 인재)이다.

63 수화기제(水火旣濟)

기제괘의 상

키워드 완성, 완전

괘사(卦辭)

"기제(旣濟)는 형통할 것이 작은 일이라 바르게 함이 이로우니, 처음 은 길하고 끝은 어지럽다."

풀이

기제(旣濟)는 '이미 성취했다'는 뜻으로, 일이 완성되어 완료됨을 의 미한다. 이미 성취했으니 완전 상태다. 이러한 완전 상태는 오래 지속하 기 어려우므로 뒤로 가면 혼란스러울 수 있는 상이 있다. 하여 끝은 어 지럽다고 경계했다. 기제의 때는 그 상태를 유지하기 위해서 바르고 굳 게 지킴이 이롭다. 한편, 기제괘는 일을 완성했으므로 더 이상 발전하는 일이 적은 것을 상징한다.

초효(初爻)

효사

"초구(初九)는 수레바퀴를 뒤로 잡아당기고 그 꼬리를 적시면 허물이 없다."

풀이

나아감을 자제하면 허물이 없는 상이다. 모든 일이 안정된 시기에 나아감을 그칠 수 있다면 허물이 없다.

이효(二爻)

> 효사

"육이(六二)는 부인이 그 가리개를 잃음이니, 좇지 않으면 7일 만에 얻는다."

> 풀이

부인이 가리개를 잃어 밖으로 나갈 수 없는 상이다. 그러나 중도*를 잃지 않고 기다리면 때는 다시 돌아와 자신의 뜻을 펼 수 있게 되니, 안정에 거하며 때를 기다리라는 점이다. 이는 잃은 것을 다시 되찾는 상이다.

삼효(三爻)

> 효사

"구삼(九三)은 고종이 귀방을 침에 3년 만에 이김이니, 소인은 쓰지 말아야 한다."

> 풀이

3년의 고난 끝에 적을 토벌하는 상이다. 뜻을 이루는 데 3년(오랜 시간)이 걸리는 점이다. 소인에게는 이러한 피곤하고 벅찬 일을 맡겨서는 안 된다.

사효(四爻)

> 효사

"육사(六四)는 물이 새니 헌옷을 마련하여 종일토록 경계한다."

---

* 육이는 하괘의 가운데에 자리하여 중(中)을 이루었다.

> **풀이**

미리 환난을 대비하고 경계하는 상이다. 혹시나 소홀함은 없는지 돌아보고 종일토록 경계해야 한다. 잠시도 경계를 늦춰서는 안 된다.

오효(五爻)

> **효사**

"구오(九五)는 동쪽 이웃(구오)이 소를 잡아 제사하는 것이, 서쪽 이웃(육이효)이 약소한 제사로 그 복을 받는 것만 못하다."

> **풀이**

성대히 제사한들 이웃이 약소한 제사로 복을 받는 것만 못한 점이다. 이는 모든 일에는 때가 있음을 말해 주고 있다. 이때는 성대하게 일을 벌여서는 안 된다.

상효(上爻)

> **효사**

"상육(上六)은 그 머리를 적시니 위태롭다."

> **풀이**

강물을 건너다가 머리까지 물에 적시는 것이니 그 위태로움을 알 수 있다. 즉 자신의 잘못으로 머리까지 적시는 위험을 초래하는 것이다.

64 화수미제(火水未濟)

미제괘의 상

키워드 미완성

괘사(卦辭)

"미제(未濟)는 형통하다. 작은 여우가 과감히 강물을 건너다가 그 꼬리를 적시니, 이로울 바가 없다."

풀이

미제(未濟)는 '아직 성취하지 않았다'는 뜻이다. 미제괘는 모든 효가 제 위치*를 벗어난 상에서 성취가 어려움을 넘겨다볼 수 있다. 미완성의 때에 이를 해결하는 방도는 매사에 신중하면 형통함으로 나아갈 수 있다. 처음에는 지위나 시기가 좋지 못한 처지지만 신중함으로 인내하여 나아가면 형통하게 되는 상이 있다. 그러니 멀리 보고 전진하면 좋다.

초효(初爻)

효사

"초육(初六)은 그 꼬리를 적시니 부끄럽다."

---

* 초효·삼효·오효는 양효의 자리이고, 이효·사효·상효는 음효의 자리이나, 미제괘는 기제괘와 반대로 모든 효가 제자리에 있지 않고 반대로 자리해 있다.

나아가서는 안 되는데 함부로 나아가 꼬리를 적시는 상이다. 때와 능력을 헤아리지 못하고 함부로 나아가니 부끄럽다. 자신의 힘을 알아 자중해야 한다.

이효(二爻)

효사

"구이(九二)는 수레바퀴를 뒤로 잡아당기면 바르게 해서 길하다."

풀이

때가 아님을 알고 중(中)*을 지켜 함부로 전진하지 않으면 길한 상이다.

삼효(三爻)

효사

"육삼(六三)은 미제(未濟)의 때에 가면 흉하나 큰 강을 건넘이 이롭다."

풀이

때를 살피지 않고 조급하게 나아가면 흉하나, 만약 도움을 주는 이(상구)를 만나 그를 따른다면 장차 미제를 해결할 수 있으니 이로울 것이다.

사효(四爻)

효사

"구사(九四)는 바르게 하면 길하고 후회가 없으니, 진동하여 귀방을 침에 3년 만에 대국에서 상을 내린다."

---

* 구이는 하괘의 가운데에 자리하여 중(中)을 이루었다.

풀이

바르면 길하여 후회가 없으니 부단한 노력을 들여 3년에 이른 후에야 미제를 해결하고, 대국에서 상을 내린다. 이와 같이 바르게 행하고 부단한 노력을 들여야 미제를 해결할 수 있다는 것이다.

오효(五爻)

> **효사**

"육오(六五)는 바르게 해서 길하고 후회가 없으니 군자의 빛에 믿음이 있어 길하다."

> **풀이**

바름을 지키면 길하여 후회가 없으니, 군자의 진실한 도와 덕이 세상을 비추는 길한 점이다.

상효(上爻)

> **효사**

"상구(上九)는 믿음을 두어 술을 마시면 허물이 없지만, 머리를 적시면 믿음을 두어도 옳음을 잃는다."

> **풀이**

(미제를 해결한 뒤) 축배를 들더라도 믿음이 있으면 허물이 없으나, 중도를 잃으면(무절제) 믿음이 있어도 옳음을 잃을 수 있음을 경계하는 점이다. 이는 즐거움이 도를 지나치지 않게 하라는 것이다.